베테랑 통역 가이드

中國語 편

베테랑 통역 가이드 路

中國語 편

김명순 지음

신론사

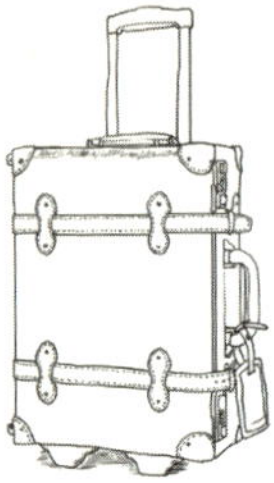

머리말

개개인의 삶에서 볼 때 중국어 가이드란 어쩌면 흔히 있는 직업 중의 하나라고 볼 수 있다. 그러나 한중교류라는 국제무대에서의 활약은 민간외교관이나 다름없는 의미를 지니고 있다. 만족스러운 관광은 한국을 찾은 손님들에게 좋은 국가 이미지를 심어주기에 충분하다. 관광 가이드는 한국을 세계에 알리는 중요한 매개체 역할을 한다. '베테랑' 가이드는 높은 보수와 더불어 지역 경제 활성화에도 중요한 기여를 한다. 가이드란 본인 삶에서는 물론 국가적인 차원에서도 의미 있고 보람 있는 직업이다.

주지하다시피 해외여행이란 누구나 동경하지만 이루어지기까지는 결코 쉽지 않다. 생애에 단 한 번밖에 이루어질 수 없는 소중한 기회가 될지도 모른다. 오랜 계획과 더불어 물질적 시간적 투자가 뒷받침이 되어야만 가능한 어려운 선택이다. 이렇듯 관광객 개개인의 삶에 있어서 여행의 의미와 비중에 대해 우리는 잘 알고 있다. 한국을 찾는 손님들에게 이유를 막론하고 '최고의 여행'을 선물하려는 노력이 절대적으로 필요하다. 한국 땅을 밟는 순간부터 관광객들은 모든 것을 가이드에게 의지하게 된다. 가이드는 손님들이 안심하고 즐길 수 있는 최고의 서비스로 그들의 든든한 버팀목이 되어 주어야 한다.

그러므로 가이드에 대한 손님들의 기대가 큰 것은 당연하다. 가이드는 외적 이미지에서부터 지적 능력, 분위기 메이커에 이르기까지 두루 뛰어난 이른바 '만능맨'이 되어 주어야 한다. 지적이면서도 친근하고 뛰어난 언어 전달력과 투철한 서비스 정신, 그리고 부드러운 리더십까지 두

루 갖추어야 한다. 한정된 시간 내에 가급적 많은 정보 전달을 필요로 한다. 하지만 지루하고 딱딱한 표현은 여가의 흥을 깨기에 충분하다. 맛깔스러우면서도 부담스럽지 않은 언어로 즐겁고 편안한 분위기를 조성해가야 한다. 더불어 유익하고 필요한 정보와 지식을 적재적소에 전달해야 한다. 결과적으로 손님들이 좋은 기분으로 안심하고 한국에서 소비할 수 있는 분위기를 조성해야 한다. 본국에서 살 수 없는 물건이나 더 좋은 것을 구입할 수 있는 것도 관광의 즐거움 중 하나이다. 해외에서 쇼핑은 실제적인 수요를 넘어 삶에 아름다운 추억거리를 만들어 준다. 즐기면서 충분한 휴식까지도 취할 수 있는 먹거리와 즐길거리 또한 관광의 묘미를 더한다.

관광의 질적 향상을 위한 관광멘트의 충분한 대비는 절대적으로 필요하다. 한국 관광하면 빼놓을 수 없는 중요한 영역이 제주 관광이다. 이 책에서는 중국인들이 가장 선호하는 제주도 관광을 배경으로 실제 관광 안내를 현장감 있게 전달하는 모델을 제시하고자 한다.

中國語 베테랑 가이드의 '路'는 재치와 수준을 겸비한 표현과 내실과 의미를 갖춘 내용으로 채워진다.

이 책은 재미있고 즐거운 가운데 유익한 지식과 정보가 전달되고 더 나아가 자연스럽게 쇼핑 분위기로까지 이끌어 갈 수 있는 멘트로 만들어 보려는 노력을 담았다. "一字之差, 谬以千里"라는 중국어 속담과 마찬가지로 한국말에도 '어'가 다르고 '아'가 다르다는 말이 있지 않는가. 그만큼 언어는 분위기를 만들고 분위기를 반전시키고 실제적인 결과물까지도 만들어낸다. 물론 진심과 사랑을 담고 행동이 따라줄 때. 안내멘트는 하기에 따라 딱딱하고 단조롭게 느껴질 수도 있고 풍성하고 재미있게 느껴질 수도 있다. 내실과 즐거움을 겸비한 관광을 만들어 가기 위한 노력을 이 책의 행간에서 찾아 볼 수 있을 것이다.

제주도에서 중국어 가이드 양성프로그램 운영 경험과 제주도청 재직 시절에 관련 부서(해외관광전략기획단, 제주국제자유도시 추진단 등)에서 쌓아온 업무 경험과 전문통역사로 활동했던 경험을 바탕으로, 그리고 교육 현장에서 절실히 느끼는 실전에 강한 중국어 교육의 필요성을 바탕으로 이 책을 집필하게 되었다. 한국에서 활동하고 있는 중국어 가이드 모두에게 있어서 제주 관광 안내는 빼놓을 수 없다고 보며 이에 대한 보다 실용적인 자료가 필요하다고 본다. 이 책은 제주도를 배경으로 작성되었지만 전국 어디에서나 활용할 수 있는 멘트의 기본 요소를 담고 있다.

이 책이 자격증을 취득하고서도 가이드라는 첫걸음이 막연하고 두렵게만 느껴지는 새내기 가이드, 그리고 경력자이지만 언어의 한계로 안내 행사가 여전히 버겁게만 느껴지는 일선 가이드 모두에게 도움이 되기를 바란다. 그리고 중국어를 공부하는 한국 학생, 또는 한국어를 공부하는 중국 학생 모두에게 실력 향상과 더불어 통번역 테크닉을 익힐 수 있는 좋은 학습 자료가 되리라고 믿는다.

이 책의 출판을 위해 아낌없는 성원을 해준 현장가이드와 동료 교수 그리고 **신론사** 여러분들께 진심 어린 감사를 드린다.

2013. 2.

용두산 기슭에서 김명순

차례

애월항
곽지과물해변
비양도
한림읍
협재해수욕장
조천읍
한경면
저지문화
예술인마을
나비레나비
곤충전시관
차귀도
오설록
티뮤지엄
소인국
테마파크
카멜리아힐
동백언덕
초콜릿박물관
안덕계곡
산방산
화순항
대정읍
모슬포항
가파도

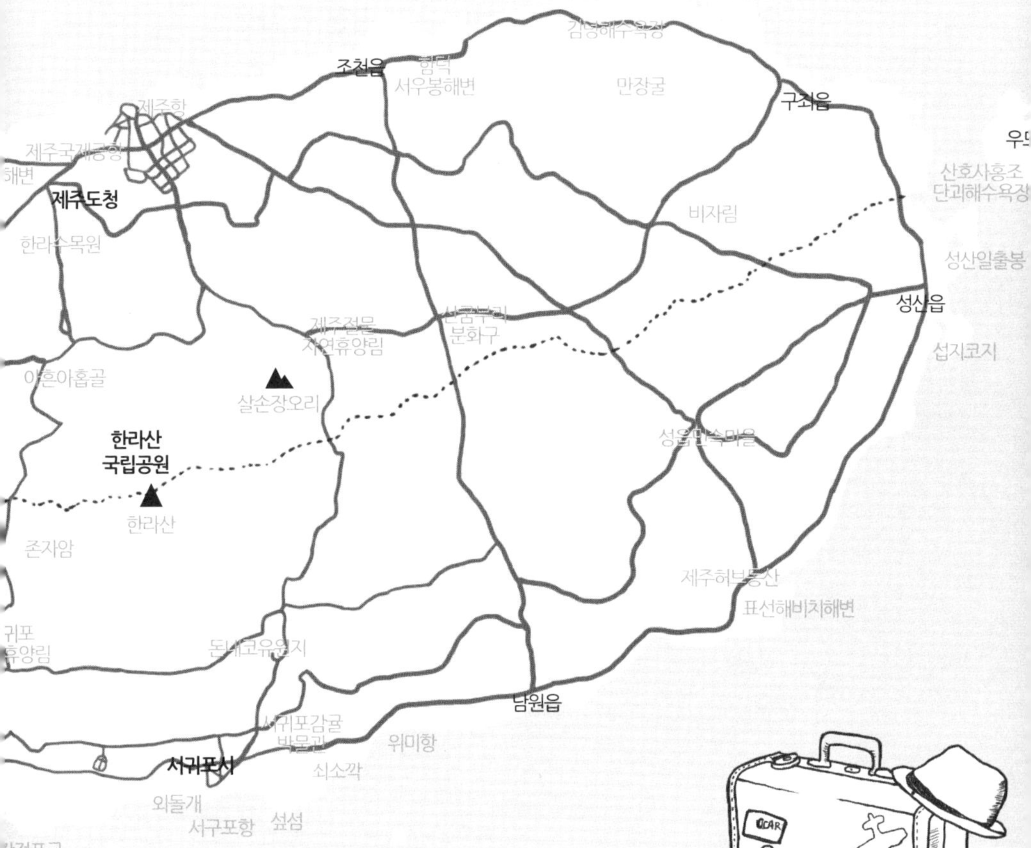
김녕해수욕장
조천읍
함덕
서우봉해변
만장굴
제주항
구좌읍
제주국제공항
해변
제주도청
산호사홍조
단괴해수욕장
비자림
한라수목원
성산일출봉
산굼부리
분화구
제주절물
자연휴양림
성산읍
섭지코지
아흔아홉골
살손장오리
한라산
국립공원
성읍민속마을
한라산
존자암
제주허브동산
표선해비치해변
귀포
휴양림
돈내코유원지
남원읍
서귀포감귤
박물관
위미항
서귀포시
쇠소깍
외돌개
서구포항
섶섬
강정포구

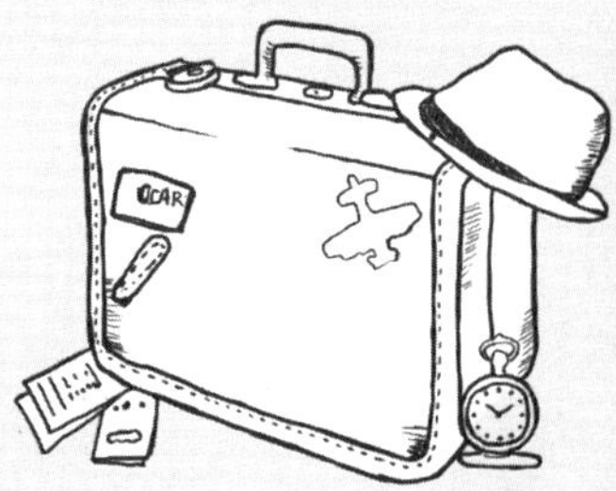

01 导游形象
통역 가이드의 이미지

导游留给游客良好印象的第一步
손님에게 좋은 인상을 심어주기 위한 첫걸음

一 1	二 2	三 3
服装 복장은	精神 모습은	举止 행동은
整洁 단정하게	饱满 활기차게	优雅 우아하게

导游必须注意如何致好欢迎词
가이드의 시작멘트에서 유의할 점

一	**内容简洁**	话不多说，点到为止(一般来说，欢迎词的时间要控制在5分钟左右)
1	내용은 간결하게	말을 길지 않게 적당히 하면서 필요한 점을 짚고 넘어간다.(보통 시작멘트는 5분 이내로 마무리하는 것이 좋다.)
二	**热情亲切**	迅速拉近与游客之间的情感距离(过度的热情，甚至慷慨激昂，反而会给人以虚假造作之感)
2	열정적이고 친절하게	손님들과의 서먹한 분위기를 가능한 빨리 해소해야 한다.(지나친 친절이나 들뜬 마음은 오히려 가식적이고 어색해 보일 수 있다.
三	**语言自然**	和缓的语调、随意的口吻来消除游客的"突兀"之感
3	언어표현은 부드럽게	부드럽고 자연스러운 말투로 손님들이 어색해 하지 않도록 해야 한다.
四	**针对性强**	根据客人的心理，情绪状况及其所在国家的国情、习俗以及导游自己所在城市的名称，司陪人员的姓名等特点，进行一定的艺术加工后再讲解，方能引起因长时间乘坐夜车而昏昏欲睡的游客们对"节目"表演的浓厚兴趣和共鸣。
4	맞춤형 사전 대비	손님들의 생각이나 정서 그리고 그 나라의 특색, 관습 또는 관광지의 이름 및 가이드의 성함 등을 잘 살려, 사전 구상을 통해 철저히 대비할 필요가 있다. 그래야만이 밤새도록 이동하느라 졸음에 시달리고 있는 손님들의 마음을 확 사로잡을 수 있는 좋은 '프로그램'으로 작용할 수 있다.

五	幽默风趣	创造出融洽的气氛，缩短心理距离。
5	유머감각이 돋보이게	분위기를 잘 조성하여 손님들과 빨리 친해져야 한다.
六	加强文采	富于文采的欢迎词将会是更美妙的音乐，能收到更好的效果。
6	문장력이 뛰어나게	문장력이 돋보이는 인사말은 멋진 음악처럼 좋은 반응을 불러온다.
七	把握分寸	把握自谦的分寸，把握自信、自得的分寸，取得游客信任(夸夸其谈，自吹自擂，效果也将适得其反)。
7	표현을 절제 있게	절제된 자신감과 자부심은 손님들에게 신뢰감을 심어 준다.(과장이나 자랑은 오히려 역효과를 불러올 수 있다.)

어휘

举止 jǔzhǐ 행동, 동작, 행동거지, 거동

整洁 zhěngjié 규모 있고 깨끗하다. 말끔하다. 산뜻하다.

饱满 bǎomǎn 가득 차다. 풍만하다. **精神饱满** 원기왕성하다.

拉近 lājìn 가깝게 굴다. 짐짓 친밀성을 나타내다. 가까운 척하다.

慷慨激昂 kāng kǎi jī áng 강개 격앙하다. 의기·어조가 격앙되어 정기(正氣)가 충만한 모양.

虚假 xūjiǎ 진실하지 않다. 허위적이다 = **虚诈**

和缓 héhuǎn 완화시키다.

风趣 fēngqù 재미, 취미

融洽 róngqià 친근해지다. 감정이 어울리다.

夸夸其谈 kuā kuā qí tán 큰소리 치다. 허풍을 떨다.

自吹自擂 zì cuī zì léi 자기 자랑을 하다. 자기를 내세우다.

适得其反 shì dé qí fǎn 정반대로 되다. 상반되다.

02 开场白*
시작멘트

大家好!

在此能够认识各位嘉宾，深感荣幸。

首先我代表60万济州道民，对大家的济州之行表示衷心的欢迎。我是这两天为大家服务的中文导游○○○。大家有什么吩咐或不便之处，尽管讲，我一定会尽力而为的。总之，我衷心地期望，这次济州之行能为大家留下终身难忘的回忆。

中国不有这样的一句话吗? "有缘千里来相会，无缘对面不相识。" 看来，我们的缘分确实不浅，这样坐在一辆车里，还要一起游览两天。希望我们能珍惜这美好的缘分，为使我们的旅游更有意义共同努力吧。

* 『통번역 학습을 위한 중국어책』, 이국희·김명순 저, 129~130쪽.

现在请大家看一下窗外，天气格外晴朗吧？大家所看到的这座山就是象征济州，象征韩国的汉拿山。济州的天气变化无常，像今天这样能看到汉拿山全景的天气，一年365天中也只有50天左右，所以我们济州人管这样的日子叫皇帝驾到的日子。看来各位客人确实很有福气，老天都这么做媒。据我观察，只有贵宾驾到的时候才有如此晴朗的天气。那么，大家是什么样的客人，就不言而喻了吧？

好，现在我先简单地给大家介绍一下今天的日程安排吧。

今天我们所游览的是济州西部路线，景点有○○○。

어휘

深感荣幸 shēngǎn róngxìng 대단한 영광으로 생각합니다.
吩咐 fēnfu 분부하다. (말로) 시키다. 명령하다.
尽力而为 jìn lì ér wéi 있는 힘을 다하여 일하다.
有缘千里来相会，无缘对面不相识 Yǒu yuán qiānlǐ lái xiānghuì, wú yuán duì miàn bù xiāngshí 인연이 있으면 천리 밖에서도 만나고, 인연이 없으면 만나도 몰라본다.
格外 géwài 각별히, 달리
变化无常 biàn huà wú cháng 변화가 많다. 변덕이 많다.
福气 fúqì 복, 행복하다.
做媒 zuòméi 중매하다.

不言而喻 bù yán ér yù 말하지 않아도 잘 알 수 있다. 더 말할 것 없다.
景点 jǐngdiǎn 명소, 명승지

해석

이렇게 만나 뵙게 되어서 대단히 반갑습니다.

먼저 60만 제주도민을 대표해서 여러분의 제주 여행을 진심으로 환영합니다. 저는 이틀간 여러분의 여행을 안내할 중국어 가이드 ○○○입니다. 여행 도중 불편하시거나 궁금하신 점이 있으시면 바로 여기 있는 저를 찾아주시면 성심성의껏 여러분의 손과 발이 되어 일할 것을 약속드립니다. 아무쪼록 이번 여행이 평생 잊지 못할 즐겁고 유익한 여행이 되시기를 바랍니다.

옷깃만 스쳐도 인연이라는데 우리 손님들과 저는 전생에 인연이 있었나 봅니다. 며칠 동안 이렇게 한차를 타고 함께 관람을 하게 되었으니 그야말로 대단한 인연이 아니겠습니까? 이 인연을 소중히 간직하고 함께 이번 여행을 즐겁고 유익한 시간으로 만들어봅시다.

자, 창밖을 보십시오. 날씨가 무척 맑죠? 여러분 눈앞에 펼쳐진 이 산이 바로 제주도를 상징하는 한라산입니다. 우리 제주도 날씨는 변덕이 하도 심해서 우리 제주도 사람들도 1년 365일 중에 한라산 정상을 볼 수 있는 날이 50여 일에 불과합니다. 그래서 이렇게 맑은 날씨는 상감마마가 지나가는 날이라고 하는데, 여러분들은 참 덕이 많으신 분이신가 보죠, 하늘도 이렇게 도와주네요. 실제로 제가 죽 지켜봤는데 정말 귀한 분이 오실 때면 날씨가 이렇게 좋더라고요. 우리 손님들은 어떤 분들이신지 두말할 필요도 없이 날씨가 말해 주고 있습니다.

자, 그럼 이렇게 좋은 날씨에 여러분들을 모시고 갈 일정을 먼저 소개해 드리겠습니다. 오늘은 먼저 제주 서쪽 코스를 따라 관광을 하겠습니다. 관광지 ○○○을 거쳐 ○○○ 등을 둘러보겠습니다.

03 导游欢迎词实例
시작멘트 실용편

导游欢迎词 一
시작멘트 1

早上好! 很高兴能够在这样春光明媚的日子里在韩国美丽的济州岛与大家相识, 首先我代表60万济州道民, 向各位表示真切的欢迎! 先自我介绍一下, 我叫○○○, 是○○旅行社的导游! 在我旁边驾驶座上的这位是我们此行的司机师傅, 姓○, 大家可以称呼他○师傅。

在这几天的旅途中, 要是我有什么做得不够好的地方, 请在座的各位多多指教, 给我一个可以进步的机会, 也希望各位这两天支持和配合我们的工作, 可能我不是最优秀的导游, 但我绝对会是一个最用心的导游, 大家要是有什么问题有什么需要, 都可以跟我说, 在我的能力范围内, 我会尽量满足各位的要求。

接下来我给大家简单地说一下我们这次的行程安排，……。

어휘

春光明媚 chūnguāng míngmèi 봄빛이 무르익다. 봄경치가 아름답다.
真切 zhēnqiè 뚜렷하다. 진지하다. 진실하다.

해석

안녕하세요. 이렇게 화창한 봄날에 한국의 아름다운 섬 제주도에서 여러분을 만나 뵙게 되어 정말 기쁩니다. 우선 60만 제주도민을 대표하여 제주에 오신 것을 진심으로 환영합니다. 먼저 여러분께 저를 소개해 드리겠습니다. 저는 ○○여행사 소속 가이드 ○○○입니다. 옆 운전석에 계시는 이분은 이번 여행의 운전을 맡아주실 기사님이십니다. 성은 ○씨이십니다. 여러분께서는 ○선생님이라고 불러주시면 되겠습니다.

여러분들을 모시면서 제가 잘 못한 게 있으면 가차 없이 지적해주시고 또 고쳐 나갈 기회도 함께 주십시오. 그리고 함께 하는 동안 여러분들의 적극적인 협조를 부탁드립니다. 저는 베테랑 가이드라고는 말씀드릴 수는 없지만 정말 열심히 뛰는 가이드임은 분명하다는 말씀을 드리겠습니다. 여러분께서 도움이 필요하실 때 언제든지 말씀해주십시오. 제가 할 수 있는 한 여러분들을 위해서 최선을 다 할 것입니다.

다음은 이번 여행 코스에 대해 간략하게 말씀드리도록 하겠습니다.

导游欢迎词(二)
시작멘트 2

女士们先生们：大家好!

很高兴能在这个风和日丽的早上与大家见面! 同时也很荣幸今天能与大家同行, 首先欢迎各位来到韩国, 更感谢各位来到我的家乡—梦幻般的济州岛。一上车我就感觉到大家热情的目光汇聚到了我身上, 温馨和责任感同时向我袭来。我在想我幸福的一天就要开始了, 同时一股强烈的责任感让我精神抖擞。

我姓○,叫○○, 在这里我代表济州道民欢迎大家, 感谢各位的济州之行! 孔子曰："有朋自远方来, 不亦说乎!" 因此为你们的到来表示真心地感谢! 同时我也祝大家旅途愉快,

玩得开心，吃得放心，行得安心。我也将真心、诚心、热心、耐心、细心地为大家服务。同时也希望我对济州的介绍能伴随大家度过一个快乐的旅程！

能和大家共处几天，是非常难得的缘分！希望我们彼此珍惜这美好的缘分，度过难忘而有意义的时间！如果我有做得不够好的地方，希望大家多多包涵。也希望此次行程圆满而顺利，这与大家对我工作的支持和配合是分不开的，为此我要先说声谢谢！

어휘

风和日丽 fēng hé rì lì 바람이 잔잔하고 따뜻하다. 날씨가 따뜻하고 바람이 부드럽다. 온화하다. 화창하다.
梦幻 mènghuàn 꿈나라, 꿈결
汇聚 huìjù 한데 모이다. 모여들다.
温馨 wēnxīn 온화하고 향기롭다. 따스하다.
精神抖擞 jīngshén dǒusǒu 원기가 왕성하다.
有朋自远方来，不亦说乎！ Yǒu péng zì yuǎ fāng lái, bù yì yuè hu 벗이 먼 곳에서 찾아왔으니, 또한 즐겁지 않겠는가.
开心 kāixīn 유쾌하다. 즐겁다.
放心 fàngxīn 안심하다. 마음을 놓다.
安心 zhēnxīn 안심하다. 성심성의로
真心 zhēnxīn 진심

诚心 chéngxīn 진심, 성심, 성실하다.
热心 rèxīn 열심하다. 열성적이다.
耐心 nàixīn 참을 성, 인내성(있다)
细心 xìxīn 세심하다. 세심하게 하다.
伴随 bànsuí 따르다. 같이 가다. 동반하다
包涵 bāohan 양해하다. 포함하다

해석

신사 숙녀 여러분, 안녕하세요.

이렇게 산들바람이 불어오는 화창한 날씨에 여러분들을 만나 뵙게 되어 정말 기쁩니다. 그리고 여러분들과 함께 하게 된 것을 대단히 영광스럽게 생각합니다. 우선 이렇게 한국을 찾아주신 여러분들을 진심으로 환영합니다. 그리고 환상의 섬 저희 고향 제주도를 방문해 주셔서 정말 감사합니다. 차에 올라오는 순간 정열적인 여러분들의 눈빛이 한꺼번에 제게 쏠리는 걸 느낄 수 있었습니다. 마음이 따뜻해짐과 더불어 강한 책임감을 느끼지 않을 수 없었습니다. 정말 멋진 하루가 시작되겠구나 하는 생각이 마음을 사로잡는 동시에 강한 책임감이 저를 정신 번쩍 들게 만들어 주네요.

제 성은 ㅇ씨이고 이름은 ㅇㅇ입니다. 여기서 우선 제주도민을 대표하여 여러분들에게 진심 어린 환영을 표합니다. 그리고 여러분들께서 이렇게 제주 여행을 선택하신데 대하여 깊은 감사를 드립니다. '친구가 멀리서 찾아오니 어찌 기쁘지 않으랴!'라는 공자의 말처럼 저 또한 여러분의 제주 방문에 대해 진심으로 감사하게 생각합니다. 그리고 여러분들께서 정말 즐거운 관광을 할 수 있기를 진심으로 기원합니다. 맛있는 음식을 많이 드시고 마음껏 구경하시고 즐기시기를 바랍니다. 또한, 제주도에 대한 제 안내 멘트가 여러분의 관광에 즐거움을 한층 더해 주기를 기대합니다.

여러분과 이렇게 며칠 동안 함께 하게 된 것은 정말 소중한 인연이 아니라고 할 수가 없지요. 이 아름다운 인연을 서로 소중히 간직하고 함께 이번 여행을 뜻깊고 잊을 수 없는 시간으로 만들어 봅시다. 제가 다소 부족한 점이 있더라도 여러분께서 넓은 아량으로 이해해 주시기 바랍니다. 정말 성공적이고 순조로운 여행이 되기를 더없이 바랍니다. 저에 대한 여러분의 배려와 협조가 없으면 절대 불가능한 일이라고 생각됩니다. 이렇게 여러분께서 잘 해 주실 거로 믿고 먼저 감사하다는 말씀을 드리겠습니다.

导游欢迎词 三
시작멘트 3

各位游客朋友, 大家好!

欢迎各位来济州旅游, 我是○○旅行社导游○○○, 大家可以叫我小○, 我代表○○旅行社对各位的到来表示热烈的欢迎! 这位司机师傅姓○(手指向司机), 他驾驶技术一流, 经验丰富, 今天的济州之旅就将由○师傅和我共同为大家服务, 我们一定努力让您感觉像回到家里一样舒适, 顺心, 恳请您对我们的服务多提宝贵意见。在这里我祝大家玩得轻松, 游得愉快! 谢谢。

下面我为大家介绍一下今天的行程。今天我们将要游览的是……, 一同去欣赏探寻这些旅游名胜吧!

从现在开始到抵达我们的目的地大概需要○个小时, 在这段时间里, 我将向大家介绍一下我的家乡济州。

어휘

恳请 kěnqǐng 간청하다.
轻松 qīngsōng 가뿐하다. 홀가분하다.

해석

손님 여러분, 안녕하세요.

제주도에 여행오신 것을 진심으로 환영합니다. 저는 ㅇㅇ여행사 가이드 ㅇㅇㅇ입니다. 여러분께서는 저를 그냥 ㅇ양(군)이라고 불러 주세요. ㅇㅇ여행사를 대표하여 여러분께서 제주에 오신 것을 진심으로 환영합니다. 기사님 성씨는 ㅇ입니다(손을 기사님 쪽으로 가리키며). ㅇ기사님이야말로 오랜 운전 경력 소유자로서 말 그대로 베스트 드라이버입니다. 오늘 기사님과 제가 함께 최상의 서비스로 여러분들을 제주도에서 잘 모시겠습니다. 여러분들께서 그냥 자기 집처럼 여기시고 마음 편히 즐길 수 있게 모시기 위해 아낌없는 노력을 약속드립니다. 모처럼 신나고 즐거운 여행이 되기를 진심으로 바랍니다. 감사합니다.

이어서 오늘의 스케줄을 말씀드리겠습니다. 오늘의 관광코스는 …… 입니다. 함께 이 아름다운 관광 명소들을 마음으로 느끼면서 둘러봅시다.

여기서부터 목적지까지는 약 한 시간 정도 소요됩니다. 이동하는 시간 동안 저희 고향 제주도에 대해 소개해 드리겠습니다.

导游欢迎词 四
시작멘트 4

大家好!

很高兴在这样一个阳光明媚的日子里见到大家, 首先我代表我们公司—○○旅行社, 为大家的到来表示衷心的欢迎! 托大家的宏福, 很幸运地成为了各位的导游, 我姓○, 大家叫我小○就可以了! 我身边的这位, 是我们这次旅途中最为劳苦功高的一位, 我们的司机○师傅, ○师傅已有20多年的驾车经验了, 由他开车大家可以放心。

我们的车厢虽然不大, 却容纳了韩中两国人民, 我想这是因为我们有缘分才能坐到一起。我想人生是无数片刻的组合, 此时此刻我们大家在一起, 我觉得就是共度人生。我们彼此关照, 互相体谅, 共创人生这美好的片刻吧! 为实现大家美好的旅程我会竭尽全力的, 难免会有不周之处, 如果我有什么做得不合适的地方, 大家及时提出来, 我会立即改正的。

旅游固然重要, 但最重要的是平安, 为了让我们的旅游更加顺利，大家要注意以下几项事情。下车时大家一定要记住我们车的颜色是○色，车牌号是○○○○，车牌号的后两位是○○，而且还要记住出发时间是○点○○分。

人们都说世界像部书，如果您没有外出旅游，您可只读了书中之一页，现在我们一同出游，让我们共同读好这属于韩国的一页—济州岛。

어휘

明媚 míngmèi 맑고 아름답다. 명미하다. 빛나고 매력적이다.
托福 tuōfú 신세를 지다. 덕을 입다. 덕택으로 ~하다.
劳苦功高 láo kǔ gōng gāo 고생하여 세운 공이 크다.
片刻 piànkè 잠간, 잠시
此时此刻 cǐshí cǐkè 이 시간, 이 시각, 지금
体谅 tǐliàng 알아주다. 이해하다. 양해하다. 동정하다.
竭尽全力 jiéjìn quánlì 모든 힘을 다하다. 전력을 다하다. 힘껏
不周 bùzhōu 빈틈없이 돌보지 못하다.
固然 gùrán 물론 ~이지만, 비록 ~일지라도

해석

안녕하세요.

이렇게 맑고 화창한 날씨에 여러분들을 뵙게 되어 정말 기쁩니다. 우선 저의 소속사인 ○○여행사를 대표하여 여러분들의 제주방문을 진심으로

환영합니다. 여러분들 덕분에 이렇게 모실 기회를 갖게 되어 정말 행운이라고 생각됩니다. 제 성은 ○ 씨입니다. 여러분께서는 ○양(군)이라고 불러 주시면 되겠습니다. 제 옆에 계신 이분은 투어 내내 많은 수고를 해주실 ○기사님입니다. 관광버스만 20년 넘게 죽 운전해 오셨으니 여러분께서 전혀 걱정 안 하셔도 될 것 같습니다.

차량 한 대에 불과하지만 그러나 이렇게 한중 양국 국민들이 타고 계십니다. 이게 인연이 아니라면 우리가 어떻게 이렇게 함께 앉아 있을 수 있겠습니까. 저는 삶이란 무한한 순간의 연속이라고 생각됩니다. 우리가 함께 하는 이 순간, 우리가 삶을 함께 공유하고 있다는 생각이 듭니다. 서로 관심을 가져 주시고 이해해 주시면서 아름다운 삶의 한 순간을 함께 만들어 보는 거는 어떨까요? 여러분들에게 멋진 여행을 만들어 드리기 위해 최선을 다 하겠습니다. 그럼에도 불구하고 여전히 미흡한 점이 많을 겁니다. 제가 제대로 잘 하지 못하면 그때그때 말씀해주시면 바로 바로 고쳐나가겠습니다.

관광의 중요성에 대해서는 두말할 필요도 없이 다 잘 알고 계시잖습니까. 그러나 무엇보다 더 중요한 것이 안전이 아니겠습니까. 보다 순조로운 관광을 위해 여러분께서 명심해야 할 것이 몇 가지 있습니다. 차에서 내리실 때 우리가 탑승한 버스를 잘 기억해두세요. ○○색 버스이고 차 넘버는 ○○○○입니다. 끝 두 자리는 ○○입니다. 그리고 출발 시간은 ○시 ○○분입니다.

세계는 한 권의 책과 같다고들 하잖습니까. 여행 없는 삶이란 어쩌면 책의 한 페이지만 읽어 본거나 다름없는 것 같습니다. 우리가 지금 함께 하고 있는 여행은 한국이라는 또 한 페이지에서 제주도 부분을 읽고 있는 것이라고 생각해봅니다.

导游欢迎词 五
시작멘트 5

各位团友, 我们来互动一下, 有个问题请大家回答, 全世界有一共有多少人呢? (团友纷纷回答)

其实我也讲不清楚, 就当六十多亿吧。

有一个问题, 我不用请教大家我都知道, 就是我们这个团有多少人呢? 告诉大家, 我们这个团有(40)人。

真正考验大家IQ的问题是, 六十亿分之(40)是个什么概念呀?

您可以说这是数学概念, 但我要告诉您的是, 这是"天—大—的—缘—分!"。

来! 团友们, 让我们用热烈的掌声来开始我们"天大的缘分"之旅吧(带头鼓掌)。

어휘

互动 hùdòng 서로 왕래하다. 서로 영향을 주다.
考验 kǎoyàn 시험(하다), 시련(을 주다), 검증(하다)
带头 dàitóu 앞장에 서다. 선두에 서다.

해석

손님 여러분, 우리함께 퀴즈시간을 좀 갖도록 해보겠습니다. 세계 인구가 얼마지요?(손님들이 앞다투어 대답함.)

사실 저도 정확히는 잘 모릅니다. 그냥 60억 정도로 봅시다.

또 하나 퀴즈는 여러분께 물어보지 않아도 제가 잘 아는 문제인데 우리 팀의 손님이 도합 몇 명일까요? 제가 말씀드리지요. 총 (40)명입니다.

진정 여러분 IQ테스트에 들어가는 거는 이 문제인데요, 60억분의 40이란 무엇일까요?

그냥 숫자로 볼 수도 있겠지만 제가 여러분께 말씀드리고 싶은 것은 이것은 그야말로 '놀라운 인연'이라는 것입니다.

자, 여러분 뜨거운 박수로 '놀라운 인연'으로 맺어진 우리 여행을 자축합시다(먼저 박수를 이끈다).

导游欢迎词 六
시작멘트 6

各位来宾, 早晨好! 首先, 我代表60万济州道民欢迎大家来到美丽的国际自由城市—济州岛, 我叫金明顺, 就是今(金)天明天都顺利, 天天顺利, 永远顺利的意思。我用我的名字祝福大家!

我们大家由中国不同的地方漂洋过海来到同一个目的地, 就是韩国最南端的济州岛, 并乘坐在同一辆车里, 大家由不相识到相见再到相知, 这真是一种很奇妙又很美好的缘分, 那么就让我们将这个美好的缘分进行到底吧。我预祝大家济州之行愉快, 希望我们济州的好山, 好水, 好导游给大家带来一份好的心情, 使大家带着对济州的期待和憧憬而来, 带着对济州的满意和留恋而归。最后祝大家在济州吃得舒心, 玩得开心, 住得顺心。

어휘

漂洋过海 piāoyángguòhǎi 바다를 건너 먼 나라로 가다.
进行到底 jìnxíng dàodǐ 끝까지 하다.
预祝 yùzhù 축원하다.
憧憬 chōngjǐng 동경하다. 염원이 실현될 것을 바라다.
留恋 líuliàn 헤어지기 아쉬워하다.

해석

손님 여러분, 안녕하십니까. 우선 60만 제주도민을 대표하여 아름다운 국제자유도시-제주도에 오신 것을 진심으로 환영합니다. 제 이름은 김명순입니다. 오늘도 순조롭고 내일도 순조롭고 매일같이 순조로워서, 영원히 순조롭다는 의미입니다. 이렇게 제 이름으로 여러분들의 축복을 기원합니다.

여러분들께서는 중국 여기저기서 출발하여 하나의 같은 목적지를 향해, 한국의 최남단 제주도에 바다 건너 오셨습니다. 서로 간에 일면식도 없던 분들이 이렇게 한차에 탑승하셔서 만남을 갖게 되니 정말로 신기하고 아름다운 인연이 아닐 수가 없습니다. 이 인연을 오래오래 소중히 간직합시다. 즐거운 제주 여행이 되시기를 진심으로 바랍니다. 제주도의 수려한 산수에 가이드의 열심이 더하여 정말 여러분들을 기쁘게 해 드릴 수 있었으면 좋겠습니다. 여러분께서 기대하고 동경해 오셨던 제주도에서 만족과 정겨움을 갖고 떠날 수 있으시기를 바랍니다. 마지막으로 여러분께서 음식도 맛있게 드시고 구경도 재밌게 잘하시고 잠도 편안히 잘 주무시기를 바랍니다.

04 济州道介绍
제주도 소개

济州概况
제주도 현황

现在我来简单介绍一下济州岛。一说起济州岛, 在我们韩国人眼里, 济州岛是个富有异国情调, 神秘而浪漫的的岛屿, 令人向往。蜜月旅行, 毕业旅行, 家庭旅行, 度假旅行等等, 首选之地便是济州岛。就像在中国"不到长城非好汉"一样, 韩国也是"不到济州岛, 谈不上是真正的韩国人"了。一年光顾济州的游客就有1,100万之多。

在外国人眼里, 济州是个富有田园景色且安逸和浪漫, 纯朴与现代化并存的梦幻之岛。所以一年来访的外国客人近230万人次, 并且中国客人越来越多。以前是日本最多, 其次是美国, 然后是中国, 可现在中国已经越居第一位, 近180万人次。从这里我们也可以感觉到中国的欣欣向荣和突飞猛进。为此, 我们学习中国语的学生, 也感到非常振奋, 非常荣幸。

어휘

向往 xiàngwǎng 동경하다. 그리워하다.

不到长城非好汉 bú dào Chángchéng fēi hǎohàn 만리장성에 가보지 못하면 사내대장부가 아니다.

谈不上 tán bu shàng 말할 나위가 못되다. 말할 수 없다.

光顾 guānggù 왕림하다.

安逸 ānyì 안일하다. 편하고 한가롭다.

欣欣向荣 xīn xīn xiàng róng 초목이 무성하다. 무럭무럭 자라다. (사업이) 왕성하다. 약동하다.

突飞猛进 tū fēi měng jìn 비약적으로 발전하다.

振奋 zhènfèn 분발하다. 격동시키다.

해석

그럼 지금부터 제주도에 대해서 알아보도록 합시다. 한국인에게 있어서 제주도는 이국적인 남국의 정취가 살아 숨 쉬고 신비와 낭만이 조화를 이루는 동경의 섬입니다. 신혼여행, 수학여행, 가족 여행과 휴양지로 가장 먼저 찾는 곳이 바로 제주도입니다. 중국에 만리장성에 다녀오지 못하면 진정한 사나이라고 할 수 없다는 속담이 있듯이 한국인이라면 대부분 한 번쯤은 제주도에 다녀갔습니다. 연간 제주 방문 관광객은 1,100만 명을 넘어섰습니다.

외국인들에게 있어서 제주도는 전원적인 전경을 갖춘, 고요하면서도 낭만이 흘러넘치는, 순박함과 현대화가 조화를 이루는 환상의 섬입니다. 제주를 찾는 외국 관광객은 연간 230만 명에 육박하며 그중 중국 관광객이 급격히 증가하고 있습니다. 전에는 일본 관광객이 가장 많았고 다음으로 미국, 세 번째로 중국이었으나 지금은 중국 관광객이 180만 명에 달하며 절대적인 우위를 차지합니다. 이점에서도 우리는 놀라운 속도로 급부상하고 있는 중국의 위력을 엿볼 수 있습니다. 이는 중국어를 공부하는 우리에게 있어서도 고무적이며 자랑스럽습니다.

济州地理位置
제주도 지리적 위치

济州岛位于韩国的最南端，是个椭圆形的火山岛。岛的长轴，也就是东西长为73km；短轴，也就是南北长为41km，环岛路长为181km，面积为1845㎢，是首尔的3倍，釜山的5倍。济州岛做为旅游城市，是韩国首屈一指的旅游胜地。济州岛滋生1800多种自然植物，也堪称植物的宝库。2007年，城山日出峰、汉拿山、万丈窟等火山溶洞被指定为世界自然遗产。2010年，龙头海岸、柱状节理、天地渊瀑布、城山日出峰等被指定为世界地质公园。2011年又被选为世界七大自然景观。

济州从地理位置上看，与人口多达一千万以上的北京、东京、首尔等五大城市仅有两个小时的航程。济州到首尔只需要50分钟，并设有直达中国、日本、香港、台湾的航班。

为了要充分地发挥这一优势，1999年又把济州指定为国际自由城市。成为国际自由城市，就会免签证、免税，并开设许多直达国际航线，济州将会成为“旅游天国”的。2006年被指定为济州特别自治道。

济州岛行政区分为两个市，是济州市和西归浦市。济州市又可分为老济州市和新济州市，我们刚才下飞机的机场所在的城市就是新济州市。宾馆、娱乐设施比较集中在新济州，老济州市是家庭文化遗跡和居民生活区成为主流。西归浦市是名胜和高级宾馆聚集在那里，也是2002年举办世界杯足球赛的城市之一。当时中国队和巴西队的比赛就是在这儿举行的。济州优美而无污染的自然环境，不分什么季节，都吸引着无数海内外的游客。

大家下飞机的第一感觉就是：噢！空气好新鲜阿！所以济州老年人都非常长寿，平均寿命在韩国最高。所以自古就流传着秦始皇派人到济州采不老草的传说。

어휘

首屈一指 shǒu qū yī zhǐ 첫째로 손꼽다. 으뜸가다.
堪 kān ~할 수 있다. 할 만하다.
签证 qiānzhèng 비자
世界杯足球赛 Shìjièbēi zúqiúsài 월드컵 축구 경기

해석

제주도는 한국의 최남단에 위치한 타원형의 화산섬입니다. 섬의 동서 길이는 73km이고 남북 길이는 41km, 해안도로를 따라 개설된 일주도로는 181km입니다. 총면적은 1845㎢이며 쉽게 아시려면 우리나라 수도 서울의 3배, 부산의 5배 크기에 해당합니다. 제주도는 관광도시로서 한국의 최고의 관광지로 자리매김하고 있습니다. 섬 전체에 무려 1800여종의 다양한 자연 식물이 자생하고 있어 식물의 보고로 불리고 있습니다. 2007년에 성산일출봉, 한라산, 만장굴 등 용암동굴이 세계자연유산으로 지정되었고 2010년에 용머리해안, 주상절리, 천지연폭포 그리고 성산일출봉이 세계지질공원으로 지정되었습니다. 2011년에는 또 세계 7대 자연경관으로 선정되었습니다.

지정학적 위치로 볼 때 제주도는 인구 천만 명이 넘는 도시 북경, 동경, 서울 등 5대 도시와의 비행거리는 2시간 이내입니다. 제주와 서울은 50분이 걸리는 거리로 중국, 일본, 홍콩, 대만 등에 직항 노선이 개설되어 있습니다.

이러한 이점을 토대로 1999년에 국제자유도시로 지정되었습니다. 따라서 노비자와 면세가 허용됨은 물론 더 많은 국제항공노선이 개통됨으로서 명실상부한 관광 낙원으로 발돋움하고 있습니다. 2006년에 제주특별자치도로 지정되었습니다.

제주도 행정구역은 제주시와 서귀포시 2개 시로 나뉩니다. 제주시는 신제주와 구제주로 나뉘는데 우리가 바로 전에 도착한 공항이 자리 잡고 있는 도시가 신제주입니다. 호텔과 오락 시설들이 주로 신제주에 분포되어있습니다. 구제주에는 역사적 유물과 주민 생활권이 주류를 이루고 있습니다. 서귀포시는 관광지와 고급호텔이 집중되어 있습니다. 또한 2002 월드컵 축구 경기가 이루어졌던 도시입니다. 중국과 브라질 팀의 경기가 바로 서귀포 월드컵 경기장에서 진행됐습니다. 빼어난 자연 경관과 청정 환경을 갖춘 제주도는 때를 가리지 않고 찾아드는 관광객들로 사시사철 활기가 넘칩니다.

제주도를 찾는 관광객들이 비행기에서 내리자마자 느끼는 것은 정말 공기가 신선하다는 것입니다. 바로 이것 때문에 제주도는 장수의 섬으로 불리며 한국에서 평균 수명이 가장 깁니다. 그래서 예부터 진시황이 사자를 제주도에 보내 불로초를 채집하게 했다는 전설이 널리 전해지고 있습니다.

济州气候
제주도 기후

现在我要简单地给大家介绍一下济州的天气。

济州是温带海洋性气候，夏天最高气温为33℃，冬天最低气温为零上1℃，年平均气温在16℃左右，是在韩国温差最小的地方。年平均降水量为1400㎜~1800㎜，是在韩国降水量最大的地方。

济州的天气变化无常，一年四季中晴朗的天气只有50多天。

济州的春夏秋冬各有风姿，尤其是春天，3月份开始油菜花盛开，到了4月份济州大地便染成了黄色，浓郁的花香扑鼻而来，而此时汉拿山山顶还冰雪皑皑，真是让人陶醉于大自然的神秘。

济州岛四面环海，随处可见海滨浴场，与之相称的是随处可见的绿荫。夏天，济州岛真是最好的避暑圣地。

秋天满山的红叶，金黄色的橘子点缀着整个济州大地，真是富有诗情画意。冬天，汉拿山上白雪皑皑，而街上随处可见常绿树，真是让人赏心悦目，冬天济州岛还是赏雪玩雪的天国。

어휘

降水量 jiàngshuǐliàng 강수량 = **降水概率** jiàngsuǐgàilǜ
风姿 fēngzī 용모와 자태, 풍채
扑鼻 pūbí (냄새가) 코를 찌르다. 풍겨오다.
点缀 diǎnzhuì 점철하다. 단장하다. 돋보이게 하다.
诗情画意 shī qíng huà yì 시적인 정취와 그림 같은 경치. 시나 그림처럼 아름답다.
白雪皑皑 báixuě ái'ái 주변 일대에 눈이 내려 새하얗게 쌓인 모양
赏心悦目 shǎng xīn yuè mù 마음을 즐겁게 하다. 매우 기분 좋아하다.

해석

이어서 제주도 기후에 대해 간략하게 말씀드리겠습니다.

기후는 따뜻한 난대성 해양성 기후로 가장 더운 여름이 33℃, 가장 추운 겨울이 영상 1℃이며 연평균 16℃ 정도입니다. 한국에서 연교차가 가장 적습니다. 연강수량은 1400~1800㎜로 한국에서 강수량이 가장 많습니다.

제주 날씨는 꽤 변덕스러워 연중 청명한 날씨는 약 50일에서 60일에 불과 합니다. 봄, 여름, 가을, 겨울 사시사철의 아름다움을 제주도에서 볼 수

있으며 3월부터 유채꽃이 피기 시작하여 4월이면 넘실거리는 진황색의 물결을 타고 싱긋한 봄꽃 향내가 대지를 적십니다. 이때도 한라산 정상에는 녹지 않은 설경이 남아서 자연의 신비를 다시 한 번 느낄 수 있게 해줍니다. 사면에 바다로 둘러싸인 제주도는 곳곳에 해수욕장이 산재되어 있어 마음껏 해수욕을 즐길 수 있습니다. 이와 더불어 사람 마음까지 시원하게 해주는 울창한 녹음은 제주도를 최적의 피서지로 만드는 데 손색없게 해줍니다.

가을에는 단풍이 산을 붉게 물들이고 감귤이 노란 물감으로 대지를 수놓으면서 시가 흐르는 한 폭의 그림처럼 섬 전체가 변화됩니다.

겨울이 되면 한라산에는 온통 하얀 눈이 쌓여 있고 평지에는 상록수의 푸른 잎이 넘실거리는 전경이 펼쳐져 보는 이들의 눈을 즐겁게 해줍니다.

05 济州民俗自然史博物馆
제주민속자연사박물관

下面我们要去的地方是展示济州生活面貌的民俗自然史博物馆。

民俗自然史博物馆是1978年由政府投资32亿韩元, 经过6年的建造, 于1984年5月正式开的业。博物馆展示了有关济州传统的遗物, 动植物和地质资料。分为自然史展览馆、民俗展览馆、影视厅。自然史展览馆搜集了与济州自然环境相关的物品, 主要展示着济州的地质、岩石、海洋生物、植物、昆虫、哺乳动物、鸟类等。民俗展览馆展现了自古眈罗人的生活方式。旅游的重要意义就在于了解当地风土人情, 我们就在这里会了解到许多的。

어휘

耽罗 Dānluó 삼국 시대에 제주도에 있었던 나라. 시조는 삼성혈(三姓穴)에서 나온 고(高) · 부(夫) · 양(良) 삼신(三神)이라고 전해짐. 백제 · 신라 · 고려의 각조에 복속하다가 고려 숙종(肅宗) 때에 고려의 한 군현이 됨.

在于 zàiyú …에 있다. …에 달려 있다.

风土人情 fēngtǔ rénqíng 풍토와 인정

해석

다음으로 여러분들을 제주의 풍물을 전시하고 있는 민속자연사박물관으로 모시겠습니다.

민속자연사박물관은 1978년 정부에서 32억 원을 투자하고 6년간의 건축공사를 거쳐 지난 1984년 5월에 문을 연 대규모 박물관으로 제주 고유의 민속물과 동식물, 지질에 대한 자료가 자연사전시실, 민속전시실, 시청각실에 마련되어 있습니다. 자연사전시실에는 제주도 자연환경의 실제들을 수집, 전시하고 있는 곳으로 제주의 지질 및 암석, 해양생물, 식물, 곤충류, 동식물 및 조류 등을 전시하고 있고 민속전시실은 옛날부터 이어져 오는 탐라인 생활양식이 그대로 재현되어 있습니다. 무릇, 그 지방의 풍물풍습 등을 알아보고자 하는 데 관광의 큰 의미를 두면 꼭 한 번쯤은 들러서 관람하시는 것이 좋겠습니다. 제주자연사 박물관은 자연 그대로 탐라 선인들의 생활풍속을 재현시켜 놓은 데 의의가 있다고 하겠습니다.

06 三多
삼다

济州岛自古就被称为三多之岛。其中一多就是石多，也就是石头特别多。为什么会有这么多石头呢？因为济州岛是个巨大的火山岛，当然就石头多了。大家看外边田间都是用石头砌成的围墙吧？中国不是有万里长城吗？我们济州的石墙连接起来，也跟万里长城一般长，要说万里长城谱写了中华悲壮的历史，那也可以说济州这弯弯曲曲的石城，也记载了济州多灾多难的历史。

那，这么多的石头会不会成灾呢？不会。济州人凭其智慧，在生活中把石头灵活地运用起来，转弊为利。首先是用石头在田间砌成石墙作为界线，这还起到了防风的作用。很早以前田间也没有砌墙，大概是到了朝鲜时代才开始砌的，这是怎么开始的呢？古代济州岛是个非常闭塞的岛屿，

돌담

有人种什么，其他人都跟着种同样的东西，到了秋天收获的时候就弄不清是谁的了，就争执起来了，打官司打到朝庭里去了，于是皇帝派人来处理，当时是高丽义宗时代，有一个叫金丘的判官，下令用石头砌成田界，省得再发生纠纷。从那开始就再没有乱堆石头，这样砌成了“万里长城”。还有就是用石头盖房子，这样的房子夏凉冬暖，在过去没有空调暖气的时候，这真是最好不过了。

어휘

谱写 pǔxiě 쓰다. 아로새기다.

弯弯曲曲 wānwānqǔqǔ 꼬불꼬불하다. 솔직하지 않다. = 弯弯折折

多灾多难 duō zāi duō nàn 재해가 많다.

打官司 dǎguānsī 소송을 제기하다. 재판을 걸다.

B省得A A하지 않도록 B하다. 목적의 회피(원하지 않는 일)

소극적 목적	적극적 목적
省得 / 免得 / 以免	为了 / 为的是 / 为~起见

最好不过了 최상급

没有比这个再(更)好的了。	再(最)好没有了。	再(最)好不过了。	好得不能再(更)好了。
이보다 더 좋은 것은 없다.	더 좋은 것은 없다.	더 좋을 수 없다.	더 이상 좋을 수 없다.

해석

제주도하면 예부터 세 가지가 많다 하여 삼다의 섬으로 불리고 있습니다. 그중 하나는 돌이 많다 하여 석다(石多)의 섬으로 불리고 있습니다. 돌이 이렇게 많은 이유는 무엇일까요? 제주도는 하나의 커다란 화산섬입니다. 그러니 돌이 많은 것은 당연한 거겠지요. 한번 창밖을 봐주시겠습니까. 밭의 경계로 쌓아올린 돌담이 보이시죠? 중국에 만리장성이 있다면 제주의 돌담도 이어 놓으면 만리장성 못지않게 깁니다. 중국의 만리장성에 중화민족의 비장한 역사가 깃들어 있다면 이 구불구불 이어져 가는 돌담 또한 제주의 역사의 아픔이 고스란히 담겨져 있습니다.

그러면 이 많은 돌들이 제주인에게는 재난이지 않을까요? 물론 아닙니다. 오히려 이 많은 돌들을 삶의 곳곳에서 이롭게 사용해 온 제주인의 지혜가 이를 통해 돋보입니다. 보면, 우선 제주도의 담들은 모두 돌담으로 되어 있습니다. 또 돌로 밭이나 논의 경계를 삼았는데 이는 바람막이 역할도 합니다. 거슬러 아주 오랜 옛날에는 돌담이 없었는데 대략 조선시대부터 시작된 것으로 봅니다. 왜 돌담을 쌓기 시작했을까요? 옛날 제주도는 하나의 고립된 섬으로서 사람들이 뭔가 심기 시작하면 다들 따라서 같은 작물을 심었습니다. 가을에 가서 수확 할 때가 되면 누구의 것인지 구분이 잘 안 돼서 싸우는 일이 생겼는데 결국은 서울 조정에까지 송사가 올라갔답니다. 이윽고 임금의 명을 받고 해결하러 온 고려 의종시대의 김구라는 판사가 돌담을 쌓아 밭 경계를 분명히 하여 더는 문제가 발생하지 않도록 하였다 합니다. 그로부터 다시는 돌을 아무렇게나 쌓아 두지 않고 이렇게 '만리장성'을 쌓아 나가기로 했습니다. 그리고 집도 돌로 지었는데, 이런 집은 여름에는 시원하고 겨울에는 따뜻한 것이 특징입니다. 과거 냉난방 시설이 없는 시절에는 정말 최고였지요.

坟墓 무덤

大家看外面, 坟墓周围也用石头砌成了围墙。噢, 一看到坟墓, 大家是不是都想避开不看啊?

可我们一路上随处都可看见零星散落的坟墓, 连旅游景点, 甚至高尔夫球场里都能可见。而坟墓也是济州的一种文化, 是不同于中国, 也区别于韩国其它地区的独特的济州文化。如果大家了解了这一文化, 不但不会回避, 反而还会更仔细地看的。

那么, 我现在给大家讲一讲这种文化吧。中国是火葬文化, 而韩国是土葬文化。济州的坟墓不同于韩国其它地方, 大都安葬在土地中央, 并且都用石头砌成围墙。

那么, 为什么安葬在地中央呢? 因为济州是火山岛, 土地非常贫瘠, 所以对济州人来说有块土地就同生命一样宝贵, 因此把父母安葬在宝贵的土地中央, 以此表示对父母、对祖先的孝道。

那么, 为什么用石头砌成围墙呢? 这可要一直追溯到济州的历史了, 过去蒙古曾间接和直接统治济州达100年, 蒙古是马上民族，当然在济州也会放牛牧马，而且没有圈养都是放养的。砌围墙就是为了防止牛马进去践踏。我们还可以从围墙看出这家的人缘怎么样，一般人缘好的人家，来帮忙的人也多，也就砌得整齐利索。

再看坟墓的围墙大都是方的，但也有圆的。那么，圆的是什么意思呢？就是比父母先走了的子女。人生最大的不孝莫过于让白发人送黑发人，所以用这种不同的方式体现了出来。

어휘

零星 língxīng 1. 자질구레하다. 소량이다. 2. 산발적이다. 드문드문하다.
大都 dàdōu 대개, 대부분, 대체로
贫瘠 pínjí (땅이) 메마르다. 척박하다.
追溯 zhuīsù 회상하다. 추억하다. 거슬러 올라가다.
践踏 jiàntà 짓밟다. 유린하다. 위반하다.
利索 lìsuo 시원스럽다. 능숙하다. 산뜻하다.
莫过于 mòguòyú …보다 나은 것이 없다. 이상 더 없다.

해석

창밖을 좀 봐주시겠어요? 무덤도 돌담으로 쌓은 것이 보이시지요? 어쩌면 무덤에서 시선을 빨리 돌리고 싶으실지도 모르겠네요?

그런데 이동하면서 이제 어디서나 자주 무덤을 목격하게 될 겁니다. 관광지나 골프장 할 것 없이 눈에 자주 띌 겁니다. 무덤 또한 제주 문화의 하나로서 중국과 다를 뿐더러 한국의 타 지역과도 많이 차별되어 있는 독특한 제주문화 중의 하나입니다. 이에 관련된 문화적 배경을 이해하시게 되면 시선을 피하시기는커녕 오히려 더 자세히 보시려고 하실 겁니다.

그럼 지금부터 이에 대해 말씀드리도록 하겠습니다. 중국은 주로 화장을 하지만 한국은 아직도 주로 산소에 모십니다. 제주의 무덤은 한국의 타 지역과도 비교가 되는데 대부분 밭의 한 가운데 자리하고 있으며 묘 주위에 돌담을 쌓습니다.

그럼 왜 밭 한 가운데다 모실까요? 아시다시피 제주도는 화산섬으로 땅이 몹시 척박합니다. 제주인들에게 있어서 땅 한 덩어리가 생명만큼이나 소중했답니다. 그러므로 부모님을 그 소중한 땅 한가운데 모심으로써 부모나 조상에 대한 애틋한 효심을 말하여 주려는 것이었습니다.

그러면 돌담은 왜 쌓았을까요? 제주의 역사를 거슬러 올라가면 몽골이 직간접적으로 제주도를 100여 년간 다스렸는데 아시다시피 몽골은 기마민족입니다. 그러니 제주도에서도 마찬가지로 말과 소를 많이 키웠는데 고삐를 매지 않고 방목을 했습니다. 돌담을 쌓는 것은 마소의 출입을 막으려는 것입니다. 그리고 돌담으로부터 이집의 인심도 알아볼 수 있다고 하는데 인심이 좋은 집은 돕는 일손이 많아 돌담도 가지런히 잘 다듬어져 있습니다.

무덤의 돌담을 보면 대개 사각형이지요. 간혹 보면 원형도 있습니다. 원형은 어떤 의미일까요? 부모보다 앞서간 자녀의 무덤을 의미합니다. 인생에서 부모보다 앞서가는 불효보다 더 큰 불효가 어디 있겠습니까. 그래서 이런 형식으로 다르게 보여 주고 있지요.

风多
풍다

三多中还有一多就是风多, 也就是经常刮风, 而且一到七八月份就必刮台风。这是因为济州是一座位于浩瀚的大海中间的岛屿, 风多就是自然的了。并且在地理位置上, 也是季风经过的地点, 所以有史以来济州人就为战胜大风, 做了种种努力, 把智慧发挥到日常生活中了。

可能一说起韩国妇女, 中国的不少人就会想起头上顶着东西后背背着孩子的女性形象。可济州的妇女就没有头顶东西的习惯, 一般都是用后背背着。之所以养成这样的习惯, 就是因为风大头顶着很容易被刮倒的。再说石头也特别多, 为了不至于踩到石子滑倒, 走路时也要低头看地, 这也不适合用头顶东西。

어휘

浩瀚 hàohàn 광대하다. 무수히 많다.
顶 dǐng 머리로 받치다. 머리에 이다.

해석

삼다 중의 또 하나는 풍다(风多)의 섬이라 불리고 있는데 7~8월에는 태풍이 어김없이 찾아옵니다. 넓은 바다 한가운데 위치한 섬이기에 바람이 많음은 당연한 것인지도 모르겠습니다. 특이 계절풍의 통과지점이 되고 있어 도민들은 유사이래 바람과 함께 살아왔고 바람을 막아내기 위한 지혜들이 일상생활에 깊이 스며 있음을 알 수 있습니다.

물허벅을 진 제주도 여인의 석상

중국에서 한국 여성 하면 어쩌면 머리에 물건을 이고 등에는 아기를 업은 형상을 떠올렸을지도 모릅니다. 그러나 제주 여성들은 물건을 머리에 이지 않고 보통 등에다 지고 다니는데 이런 습성은 바람이 많기 때문에 머리에 이면 휘청거려서 걷기가 쉽지 않아서입니다. 그리고 돌이 많아서 돌부리에 채이지 않도록 항상 땅을 보면서 걸어야 하기 때문에 머리에 이는 것은 불편해서이지요.

女多
여다

三多中还有一多就是女多。也就是女人特别多，而且是漂亮的女人特别多。像我这样的，就算是最难看的一个了。(开玩笑)

为什么女人多呢？这有地理和历史的原因。从地理环境上看，济州是个贫瘠的火山岛，过去生活主要是靠出海冒险作业。能出海远航作业的却是男人，大家想想，过去航海技术多落后啊？所以出海回不来的男人就多了，这样剩下的女人就相对多了一些。

再从历史的角度看，早在朝鲜时代，济州岛就是流放地，当时朝庭的政治重犯，都被发配到济州岛来了，这些贵族阶层的人来的时候，带过来很多女佣，等他们服满刑期回去时，在流放地一起生活过的女人就被留了下来，这也是女人多的原因之一。

另外，女人多的还有一个原因就是济州是一个屡经战争洗礼的不幸之岛，蒙古就间接直接统治了近100年，日本也间接直接统治了36年, 又经历了不幸的韩国内战, 还有只有济州人经历过的令人心惊胆战的四三事件。四三事件和战争, 自然男人牺牲得多, 这样女人也就多了。

还有一个女人多的原因就是看起来女人多。一般的韩国女性一结婚就不工作了, 主要在家里做饭带孩子, 可济州女人不同于韩国其它地区的女人, 她们有很顽强的生活能力, 就像中国女性一样。这样我们随处都可以看到辛勤工作的女性了, 在地里, 在海里都可以看到。

这样除了统计数字上的证明以外, 看起来女人多也是一个很重要的因素。

어휘

算是 suànshì …인 셈이다. …라 할 수 있다. …으로 치다. …한 것으로 되다. 간주하다.

贫瘠 pínjí (땅이) 비옥하지 않다. 척박하다. 메마르다.

服刑 fú xíng 징역 살다. 복역하다.

令人 lìngrén 사람으로 하여금

令人满意 사람을 만족시키다. **令人感动** 사람을 감동시키다.

令人佩服 사람을 탄복시키다.

心惊胆战 xīn jīng dǎn zhàn 무서워서 벌벌 떨다. 간담이 서늘해지다.

辛勤 xīnqín 근면하다. 부지런하다.

해석

삼다중의 또 하나는 여다(女多)인데 여자가 많다고 해서 여다라고 합니다. 특히 예쁜 여자가 많은데요, 저 같은 경우는 아마 가장 못생긴 여자 중의 하나일 겁니다.(농담조로)

왜 여성이 많은 걸까요? 아마도 지리적 역사적 원인과 밀접한 관계가 있는 것 같습니다. 지리적 환경을 볼 때 제주도는 척박한 화산섬으로서, 주로 거센 바다에 나가 조업하는 것으로 생계를 유지해 나갔습니다. 배 타고 바다 멀리 나가 조업하는 것은 남자들입니다. 옛날의 선박은 기술적으로 문제가 얼마나 많았겠습니까? 조업하러 나갔다가 돌아오지 못하는 남성이 많아지면서 여성이 상대적으로 많아지게 된 것입니다.

역사적인 시각으로 보면 옛날 조선조 때에는 제주도가 유배지였습니다. 당시는 조정에 위협되는 세력을 역모로 몰아 제주도로 귀양을 보냈습니다. 이들은 다 양반이기 때문에 돌아갈 때에 데리고 왔던 여종들을 그냥 두고 갔기 때문이기도 합니다.

그리고 제주도는 또 전쟁의 아픔을 많이 겪은 불행한 섬이기도 합니다. 몽골이 직간접적으로 근 100여 년간 지배했었고 일본이 직간접으로 36여 년을 지배해 왔습니다. 거기에다 남북전쟁의 불행까지 겪었습니다. 그리고 끔찍한 4·3사건이란 아픔도 있었습니다. 전쟁이나 4·3사건에서 많은 남성들이 희생하게 된 것이 또한 여다의 또 하나의 원인으로 볼 수 있겠습니다.

또 여다의 다른 원인은 보기에 여자가 많다는 것입니다. 대부분 한국 여성들은 결혼하면 직장을 그만두고 집에서 살림을 하고 아이를 키우는 데 반해 제주 여성은 한국 타 지역의 여성들과 달리 여전히 생업에 종사합니다. 이런 부분은 중국 여성들과 많이 비슷합니다. 밭에서나 바다에서나 어디로 가든지 곳곳에서 부지런히 일하고 있는 제주도 여성들을 쉽게 찾아볼 수 있습니다.

실제적인 통계수치와 관계없이 시각적으로 여성이 많아 보인다는 점 또한 빼놓을 수 없는 원인으로 작용하고 있습니다.

07 济州四三事件
제주 4·3 사건

什么是四三事件，各位可能都不太了解，这是几乎给每个济州家庭留下撕心欲裂的不堪回首的惨案。

这是1948年4月3日发生的一个事件。起因是当时一个美国兵骑马踩死了当地居民的一个孩子，居民们非常气愤，向美国兵抗议，美军镇压了当地的百姓，这样抗议的烈火越演越烈，而当时政府也联合美军一起镇压百姓，并诬陷当地百姓为左派，就是赤色分子，也就是说是北朝鲜那一派的了，这样进行了史无前例的大屠杀。在这次惨案中，无辜牺牲的济州人达两万多人，而且大部分都是青壮年男人。这样一来女人也就多了。

这是济州人无辜受害的不幸案件，更不幸的是它一直作为一个悬案没得到平反，直到金大中总统上任之后，1999年才正式平反昭雪，并给济州道拨款30亿韩元修建了 四三烈士公墓，济州人心灵的创伤才得以平复。我想我们金大中总统不愧是一位获得了诺贝尔和平奖的好总统。

어휘

撕心欲裂 sīxīnyùliè 몹시 괴로워서 마음이 찢어지는 것 같다.
不堪回首 bù kān huí shǒu 차마 지난날을 돌이켜 볼 수 없다.
诬陷 wūxiàn 남에게 억울한 죄를 씌우다. 무함하다.
史无前例 shǐ wú qián lì 역사상 전례 없다.
惨案 cǎn'àn 학살사건
悬案 xuán'àn 미결사건, 현안
平反 píngfǎn 판결을 잘못 내린 것을 시정하다. 반란을 진압하다.
平反昭雪 píngfǎn zhāoxuě 억울한 누명을 벗겨 주다 = **昭雪平反**
创伤 chuāngshāng 상처
得以 déyǐ (조동사) …할 수 있다. 대부분 '**以**'는 아무런 뜻이 없다.
不愧 búkuì ~에 부끄럽지 않다. ~답다. 떳떳하다.
诺贝尔和平奖 Nuòbèi'ěr Hépíngjiǎng 노벨평화상.

해석

4 · 3사건이 무엇인지 여러분들은 아마 잘 모르실 겁니다. 이는 거의 제주도의 모든 가정이 겪다시피 한 돌이킬 수 없는 뼈에 사무칠 정도의 끔찍한 사건입니다.

1948년 4월 3일에 일어났던 사건으로, 그때 당시 한 어린이가 미국 기마병으로부터 말발굽에 치여 죽게 되었는데 이것이 사건의 발단이 되었다고 합니다. 미군을 향한 도민들의 거센 분노로 소요가 일어났고 이를 미군이 진압에 나서게 되면서 도민들 반발이 걷잡을 수 없이 확장되었습니다. 당시 한국 정부는 오히려 미군의 진압에 가담하여 도민들을 좌파로 몰아갔습니다. 바로 북한 쪽의 빨갱이로 규명하고 초유의 무자비한 소탕 작전에 돌입했습니다. 2만여 명에 달하는 중장년의 목숨을 앗아가는 끔찍한 사건이었습니다. 이 또한 여다의 원인 중의 하나인 겁니다.

수많은 제주인의 무고한 생명을 앗아간 이 불행한 사건은 계속 진상 규명이 되지 않은 체 미결안으로 방치되어 오면서 제주인들의 마음을 더욱 아프게 했습니다. 김대중 대통령이 취임한 후 1999년에 들어서야 비로소 진상 규명이 이루어졌습니다. 그리고 정부가 30억을 제주도에 지원해 4.3 역사 추모공원을 세웠습니다. 이로서 상처로 얼룩진 제주인들이 그나마 마음의 위로를 얻게 되었습니다. 이런 측면을 통해서도 김대중 대통령은 노벨평화상을 받기에 손색이 없음을 단적으로 보여 주고 있습니다.

08 三无
삼무

济州岛不仅因三多而闻名, 还因三无而出名。大家猜猜看三无是什么? 也就是三个没有, 会是什么呢?…… 没有像你们这样英俊的男人, 没有不漂亮的女人……, 哈哈, 这是开玩笑。

三无就是没有小偷, 没有乞丐, 没有大门。大家如果在这两天旅行过程中稍微留意一下就会发现, 无论我们到哪儿都看不见乞丐。至于小偷呢, 过去是绝对找不到的, 可现在就有些难说了, 济州开放为旅游城市之后, 就从外地来了一些"进口"小偷。

总之, 跟别的地方相比济州的治安特别好, 不过大家还是要小心, "不怕一万, 就怕万一"嘛。正因为没有小偷, 没有乞丐, 所以就没有大门。现在到农村或者到那些小岛上去, 我们就看不到大门, 并且房门敞开着, 一整天出海作业房间里空无一人的情景。

这正说明了济州道民正直、勤勉、互助的精神。

济州是个贫瘠的火山岛，人们从小就养成了吃苦耐劳的精神，把劳动作为美德，加上济州是个闭塞的小岛，一般彼此都认识，所以碍于面子也不敢做坏事。宁可自己穷死、饿死，也没人去偷抢，也没人去要饭，怕给家里人丢脸。

어휘

闻名 wénmíng 유명하다.
留意 liú yì 유의하다. 주의하다. 조심하다.
敞 chǎng 열다. 활짝 열다.
吃苦耐劳 chīkǔ nàiláo 괴로움을 참고 힘든 일을 견디어내다.
碍面子 ài miànzi 인정에 끌리다. 사사로운 정에 끌리다.
要饭 yào fàn 빌어먹다. 동냥하다.
丢脸 diūliǎn 체면을 잃다.

해석

또 제주도는 삼다의 섬으로 유명하지만 삼무의 섬으로도 유명합니다. 삼무란 무엇일까요? 한번 맞춰 보시지요. 즉 세 가지가 없다는 뜻인데, 뭐가 없을까요? …… 여러분들처럼 이렇게 잘생긴 남성들이 없고, 예쁘지 않은 여성이 없고 ……, 하하, 이건 농담이고요.

삼무란 바로 도둑, 대문, 거지가 없다는 것입니다. 여러분께서 이 며칠 동안 여행을 하시면서 조금만 유의하시면 어디에서도 거지를 찾아 볼 수 없음을 금세 알아차릴 것입니다. 도둑은 옛날에는 정말 찾아볼 수 없었지만 지금은 딱 단정 지어 말하기는 좀 어렵습니다. 관광도시로 거듭나면서 타지로부터 도둑이 좀 '수입'되고 있는 것 같습니다.

전반적으로 볼 때 타 지역에 비해서 정말 안전하다고 말할 수 있겠습니다. 그래도 여러분께서는 만일을 대비해서라도 조심하는 편이 바람직한 것 같습니다. 아직도 시골이나 작은 섬 동네에서는 여전히 대문도 없이 집을 비워도 문을 잠그지 않고 종일 바다에 나가 작업하는 경우가 흔합니다.

이런 점이 제주도민의 정직성, 근면성과 협동심을 말해 주기도 합니다. 제주도민들은 화산섬으로 이루어진 척박한 땅에서 살아 오면서 노동을 미덕으로 간주하는 근면하고 성실한 정신력이 형성되었습니다. 게다가 좁은 지역 사회에서 서로가 너무나 잘 알고 지내는 처지라 낯이 가려워서라도 차마 나쁜 일을 못합니다. 가난해서 굶어 죽을지언정 가족들의 얼굴에 먹칠하는 것을 꺼려 차마 훔치거나 구걸하는 짓은 못합니다.

09 三宝
삼보

济州岛除了以三多, 三无之岛出名之外, 还因三宝之岛而著名。

三宝就是指清静的大海, 丰硕的果实, 富有特色的语言。

现在请大家往窗外看一下。那蔚蓝色的大海是不是格外的迷人? 看一下, 那黑色的部分不是污染, 而是因为海底有黑色岩石的缘故, 看起来碧绿的部分是贝壳碎片被阳光照射而成的。

所谓的"清澈见底", 在济州的海里, 我们就完完全全领会到了吧? 济州的海水没有受到过任何污染, 刚打捞出来的海鲜生吃, 味道特别鲜美。

一到秋天, 济州大地就果实累累, 一片丰收的景象。济州是在韩国唯一产橘子的地方。还有汉拿山的各种野果, 争艳斗姿。

植物的生长跟纬度有直接的关系吧？可在我们济州岛可以找到不同纬度上生长的不同的植物，有寒带、温带、热带植物，种类多达1800多种。在汉拿山可以看到与济州岛纬度相差甚远的台湾、日本和中国大陆北部地区生长的植物，这是因为汉拿山有海拔1950米高，不同的高度有不同的气候特点，生长的植物也不一样。还有一个原因是从地理位置上看，济州岛位于中国大陆、台湾岛、日本中间，中间只隔着海，所以这些地区生长的植物种子，随风或随海漂泊到汉拿山，在汉拿山扎根落叶，也就是“移民”到汉拿山来了。

어휘

蔚蓝色 wèilánsè 진한 푸른빛 색, 하늘빛 색
照射 zhàoshè (밝게) 비치다.
清澈见底 qīngchè jiàndǐ 맑아서 밑바닥이 보인다.
领会 lǐnghuì 깨닫다. 이해하다. 파악하다. **领略** lǐnglüè (체험 관찰 시험 등을 통해 감성적으로)이해하다. 깨닫다. 감지하다. 음미하다.
打捞 dǎlāo 건지다
争艳斗姿 zhēng yàn dòu zī 서로 아름다움을 다투다 = 争妍斗艳
漂泊 piāobó 표박하다. 유랑하다. 방황하다. 떠돌아다니다. 정박(**停泊**)하다.
扎根 zhāgēn 뿌리를 내리다. 든든한 근거를 마련하다.

해석

삼다, 삼무에 이어서 제주도를 또 삼보의 섬으로 자랑하기도 합니다.

삼보 즉 청정 바다, 풍성한 열매, 특색 있는 언어를 들 수 있습니다. 잠시 고개를 돌려 차창 밖 푸른 바다를 보십시오. 너무나 매력적이지 않습니까? 검은 색으로 보이는 것은 오염되어서가 아니라 바다 밑의 검은 바위가 그대로 보여서 그런 겁니다. 옥색으로 보이는 것은 조개껍질이 부서져 폐사가 햇빛에 반사되어 옥색으로 보인다고 합니다.

이른바 "거울처럼 맑다."는 말의 의미를 제주도 바다에서 확실히 느끼시겠지요? 제주도 바다는 전혀 오염되지 않은 청정 바다로서 해산물을 포획하자마자 바로 회를 떠서 먹으면 정말 맛이 환상입니다.

가을이 되면 제주도 곳곳에 주렁주렁 열린 열매가 풍작을 보여 주고 있습니다. 제주도는 한국에서 유일한 감귤 생산지입니다. 그리고 한라산의 다양한 야생 열매가 아름다움을 뽐어내고 있습니다.

식물의 분포는 위도와 직접적인 관계가 있는 거잖습니까? 근데 제주도에는 상이한 위도인 한대, 온대, 열대 등 다양한 식물이 분포되어 있고, 종류만 해도 무려 1800여 종에 달합니다. 한라산에서는 제주도에 비해 위도 차이가 큰 대만, 일본, 중국 북부 지역에서 자라는 식물들을 볼 수 있습니다. 이는 한라산이 해발 1950m나 되고, 높이에 따라 기후 특징도 바뀌면서 식물분포 또한 달라지기 때문입니다. 또 다른 하나의 원인은 지리적으로 볼 때, 제주도가 중국 대륙, 대만, 일본의 한가운데에 위치하고 있으며 그 사이에는 바다밖에 없기 때문에, 주변 지역에서 자라고 있는 식물의 씨앗들이 바람을 타고 또는 물길 따라 한라산까지 와서 뿌리내린 것입니다. 그야말로 한라산으로 '이민' 온 셈이지요.

10 济州语言
제주방언

济州语言是不同于韩国其它地区的一种独特的语言。

我们韩国其它地方的人也跟你们一样，听不大懂济州话。济州语言的特点是短粗，这可能跟生活环境密切有关，在风多的生活环境和在海上作业的劳动环境里，语言就演变成了简短而粗犷的形式。

例如，"是吗?" 韓国话是"그렇습니까?"而济州话是"기?"。比中国话还要短吧? 这样的语言结构在恶劣的工作环境中交流起来也比较方便。

어휘

演变 yǎnbiàn 변화발전하다.
粗犷 cūguǎng 쌍스럽다. 천하다.

해석

제주도는 한국의 타 지역과도 달리 자체의 독특한 언어 특징을 갖고 있습니다.

다른 지역의 한국 사람들조차도 여러분들이나 마찬가지로 제주도의 말을 잘 알아듣지 못합니다. 제주도의 언어는 짧고 거친 것이 특징인데 삶의 환경과 밀접한 관계가 있는 것 같습니다. 바람이 많은데다 해상조업을 하는 삶의 여건 때문에 짧고 거칠게 변천되어 온 것 같습니다.

예를 들어 '是吗?'의 한국어 표현은 "그렇습니까?" 인데, 제주도 말로는 "기?"입니다. 중국어보다도 훨씬 간략하지요? 거친 작업환경에서 교류하기에는 정말 편리한 언어 구조를 갖고 있는 거지요.

11 避邪塔
방사탑

大家，请看一下，这叫避邪塔。避邪塔一般砌在村子的入口处或村子的外围，目的是避瘟去邪，保证村子平安无事。过去是村子有什么灾难或瘟疫时，就会砌这种避邪塔。

砌这个塔时，里边要放上铁锅和勺子。大家知道，铁锅在熊熊烈火中都稳如泰山，更不用说邪气、瘟疫之类的了，所以人们放铁锅是为了抵挡住灾难。勺子是盛东西用的，放勺子，就是把外部的幸福和财物盛进来的意思。

在这个避邪塔上放一块儿石头, 虔诚地祈祷就会如愿以偿。我们济州人每次遇到避邪塔, 都会放一块石头许愿的。

大家既然来了, 就不要白白错过, 也许许愿吧。只许三个愿, 太多了可就不灵了。必须以虔诚的心许愿。“信则灵, 不信则不灵”嘛。

어휘

避邪 bìxié 액막이를 하다. 액땜을 하다.
避瘟去邪 bìwēnqùxié 전염병을 막고 잡귀를 몰아내다.
平安无事 píng'ān wúshì 평안하다. 무사하다.
熊熊烈火 xióngxióng lièhuǒ 세차게 타오르는 불길
稳如泰山 wěn rú Tài shān 태산처럼 끄떡없고 굳건하다 = **安如泰山**
抵挡 dǐdǎng 막다. 막아내다.
如愿以偿 rú yuàn yǐ cháng 희망이 이루어지다. 소원 성취하다.
灵 líng (동작이나 기능 따위가) 재다. 재빠르다. 날래다. 예민하다. 민감하다. 잘 듣다. 영리하다. 약빠르다.
错过 cuòguò 기회 등을 놓치다. 스치고 지나가다.
虔诚 qiánchéng 경건하고 정성스럽다. [종교·신앙에 주로 쓰임]

해석

이쪽으로 보십시오. 이 돌탑이 바로 방사탑입니다. 방사탑은 보통 마을 입구나 근처에 세우는데 전염병을 예방하고 액운을 막으려는 목적으로 세운 돌탑으로서 또한 마을의 안녕을 보장하고 수호하기 위함이랍니다. 옛날에는 마을에 재해가 발생하거나 전염병이 돌면 이렇게 돌탑을 쌓아 올렸답니다.

탑을 쌓을 때 밑에 밥주걱이나 솥을 묻었는데, 이유는 아시다시피 솥은 뜨거운 불에도 끄떡없이 잘 견디니 액운이나 전염병 따위는 별거 아닌 거지요. 그러므로 마을의 재난을 막으려는 뜻에서 가마솥을 묻어 둔답니다. 밥주걱은 밥을 퍼담듯이 외부로부터 재물을 마을 안으로 퍼들이라는 의미입니다.

탑 위에다 돌멩이를 주워서 올려놓고 간절한 기도를 드리면 소원이 이루어진답니다. 제주 사람들은 방사탑을 보면 그냥 스쳐 가지 않고 돌멩이를 주워서 얹어 놓고 갑니다.

여러분들도 기왕이면 그냥 지나치지 마시고 소원을 빌고 가시지요. 소원을 세 가지만 빌어야지 너무 많으면 효력이 없다고 합니다. 당연히 간절한 마음으로 구해야만 되겠지요. 믿는 대로 된다고 합니다. 안 믿으면 안 이루어집니다.

12 神秘之路
신비의 도로

下面我们要去的景点是神秘之路。

为什么叫神秘之路呢？在我们看起来非常明显的上坡路上，车停在那儿，然后灭火，摘档，车却会自动上行。若车倒着停着，也顺着上坡自动倒行。大客拉着四五十人，也照样。

放上易拉罐，也会往上滚，骑自行车，下坡很吃力，上坡倒不用蹬脚蹬子，噌噌往上上，而且越来越快，往道上倒水，水也往上流。自古人们都认为“水往低处流，人往高处走”是铁的真理，可我们济州就出现了打破真理的奇特现象。

这个道路可能早就有，可发现的时间并不长。这是怎么发现的呢？有一天晚上，有一位出租车司机开车去西归浦，正好路过这里，突然想方便，就把车停在这里，进道边的树林里去解手，等他解完手出来一看，车不见了，再往上一看，把他惊呆了，车正沿着上坡倒着往上走，而且越来越快。

这不闹鬼了吗？把他吓坏了。本来济州人就很迷信，他确信这肯定是闹鬼。于是就回去报了案，又去告诉左邻右舍。警察出动了，一帮邻居也跟着来看，果真看到了令人难以置信的现象。这样一传十，十传百，消息不胫而走，到这儿来看的人越来越多，就成为旅游景点了。

现在为了保护这条道路和避免堵车，最近又开辟了一条道路，通行车辆都走这条新路，神秘之路就留给游客欣赏了。

这到底是怎么回事？还是个揭不开的迷。也有人说是视差现象，但没有科学根据，现在有很多大学教授也过来考查，还是没弄清楚。这回，大家给好好研究一下，最好能找出一个答案来。

어휘

噌噌 cēngcēng 쑥쑥
铁的真理 tiěde zhēnlǐ 움직일 수 없는 진리
解手 jiěshǒu 헤어지다. 대소변을 보다 .
惊呆 jīngdāi 놀라서 멍청해지다.

闹鬼 nàoguǐ 귀신이 조화를 부리다. 부정행위를 하다.
左邻右舍 zuǒlín yòushè 이웃(집), 인근
果真 guǒzhēn 정말, 과연
不胫而走 bù jìng ér zǒu 어떤 일이 신속하게 전해지다. 날개 돋친 듯이 팔리다. 일세를 풍미하다.

해석

다음 코스는 신비의 도로입니다.

왜 신비의 도로라고 불릴까요? 시각적으로 보기에는 분명 오르막길임에도 불구하고 거기서 차를 멈추고 시동을 끈 다음에 기어를 넣지 않은 상태로 두면 오르막길을 따라 차가 자동으로 올라갑니다. 차를 거꾸로 세워 놓아도 오르막길을 따라 차가 스스로 후진해서 올라갑니다. 사오십 명을 태운 대형 버스도 마찬가지입니다. 길 위에다 캔을 올려놓아도 위쪽으로 굴러 올라갑니다. 자전거를 타보면 내리막길에서는 무지 힘이 들어가는데 반해 오르막길은 오히려 페달을 안 밟아도 잘 올라갑니다. 게다가 점점 가속도까지 붙습니다. 길 위에 물을 부으면 물도 위쪽 방향으로 흐릅니다. "물은 낮은 곳으로 흐르고 사람은 높은 곳으로 간다."는 말을 옛적부터 철칙으로 여겨 오지 않았습니까? 그런데 이 철칙을 깨는 특이한 현상이 제주도에 나타났습니다.

이 도로는 일찍부터 있었는데 알려진 시간은 별로 오래되지 않았습니다. 어떻게 알려지게 됐을까요? 어느 날, 한 택시 기사분이 밤에 택시를 운전하고 서귀포에 다녀오다가 이곳을 지나게 되었는데 그때 마침 소변이 급해서 차를 세워 놓고 길옆 나무숲에 들어가 일을 보고 나왔습니다. 근데 웬걸 차가 없어진 게 아니겠습니까. 위로 쳐다보고 그만 그 자리에 굳어버리고 말았습니다. 차가 글쎄 후진으로 오르막길을 따라 스스로 올라가고 있었는데 게다가 점점 빨라지고 있었습니다.

귀신이구나, 그는 기겁을 했습니다. 본래 제주 사람들은 미신을 잘 믿는 편이라서, 의심할 여지없이 귀신이 나타났다는 생각이 들어 그는 곧 바로 경찰서를 찾아 신고를 했습니다. 경찰관이 출동하고 동네 사람들도 보려고 몰려왔는데 그야말로 믿기지 않는 기이한 현상이 코앞에서 벌어졌습니다. 발 없는 말이 천리를 간다고 소문이 소문을 타고 금세 널리 알려졌습니다. 구경하러 오는 사람들이 점점 많아지면서 관광 명소로 알려지게 되었습니다.

지금은 이 도로도 보호하고 차도 덜 밀리게 하기 위해 얼마 전에 옆에 길을 새로 닦아 신비의 도로는 관광객들이 들러 볼 수 있게 하고 일반 차량은 새로운 길로 통행하도록 하고 있습니다.

과연 원인이 뭘까요? 아직도 그 비밀을 찾아내지 못했습니다. 착시 현상이라고 보는 이들도 있는데 확실한 과학적 근거는 제시하지 못하고 있습니다. 대학교 교수님들도 많이 와서 답사도 하고 하는데 확실한 원인을 밝혀 내지 못했습니다. 이번에 아예 여러분께서 잘 연구하셔서 해답을 주셨으면 좋겠습니다.

13 徐福的传说
서복의 전설

济州岛很早以前就流传着这样的一个传说，说在中国秦始皇时代，有一个叫徐福的人，率领童男童女和船工来此寻找不老草。

秦始皇统一了幅员辽阔的中国大陆之后，可以说在这个世上再没有什么奢望了，可他还是对一件事感到非常遗憾。那就是无法延长人的寿命这件事。无论如何都希望自己能够长生不老的秦始皇，有一天遇到了徐福，听到了一件令人吃惊的事情，在遥远的东海之中有座三神山，生活在那里的神仙们都采不老草吃，因而长生不老。听到这些话秦始皇非常高兴，对徐福说可以满足他所有的愿望，但命令他必须采回不老草。

徐福砍下昆仑山的千年古木做成一艘大船，带领童男童女各500名和最好的船工登上了遥远的航海之路。徐福一行首先到达的地方就是济州岛，当时叫瀛洲。第二天早晨徐福看到了海上的日出，便认为生死未卜的航程终于成功了。徐福为纪念一行人平安无事地到达目的地，他在海边的岩石上刻下了“朝天”二字，这个地方如今还被称为朝天邑朝天里。从那开始，徐福就率领着童男童女登上了瀛洲山(汉拿山的别称)寻找不老草。当时他们采到的不老草就是“岩高兰”或“灵芝”。徐福一行人从山上下来，经过正房瀑布，惊叹于那里的美丽景色，便又在那里刻下了“徐福过之”，此处的刻字一直到1950年还可以看得见，但随着岁月的流失，现在已经看不见了。

徐福离开济州岛时又留下了“向西回家”的话，因此现在他离开时的那个渡口叫做西归浦，现在的西归浦市正是因此而得名的。但是徐福一行人没有像他说的那样西行，相反，不但没有回到中国，反而向东去了日本。

어휘

童男童女 tóngnán tóngnǚ 소년과 소녀, 어린 종
幅员 fúyuán 땅의 넓이, 국토의 면적
辽阔 liáokuò 아득히 멀고 광활하다. 넓고 넓다. 탁 트이다.
奢望 shēwàng 지나친 욕망
无论如何 wúlùn rúhé 어찌 되었던 관계없이, 어떻게 해서든지, 어쨌든
长生不老 cháng shēng bù lǎo 장생불로, 늙지 않고 오래 오래 살다.
平安无事 píng'ān wúshì 편안하다. 무사하다.

해석

제주도에는 일찍부터 중국 진시황 때 서불이라는 사람이 동남동녀와 배꾼들을 거느리고 제주도에 불로초를 구하러 왔다는 전설이 전해 내려오고 있습니다.

진시황은 광활한 중국 대륙을 통일한 후 그야말로 세상에서 더는 부러울 게 없었습니다. 그런데도 마음속에 한 가지 속병이 남아 있었는데 그것인 즉 바로 생명을 연장할 수 없는 안타까움이었습니다. 불로장생을 위해 수단을 가리지 않았던 진시황이 하루는 서불을 만나게 되었는데, 그로부터 정신이 번쩍 들게 하는 소식을 듣게 되었습니다. 동해 바다를 건너 먼 곳에 삼신산이라 불리는 산이 있는데 거기에 거하고 있는 신들은 모두 불로초를 캐먹기에 불로장생한다는 것이었습니다. 이 말을 들은 진시황은 더할 나위 없이 기뻤습니다. 서불에게 소원을 다 들어줄 테니 당장 가서 불로초를 구해 오라고 명령을 내렸습니다.

서불은 곤륜산의 천 년 고목을 베어 배를 만들고 500명의 동남동녀와 최고의 뱃사공을 거느리고 머나먼 항해 길에 올랐습니다. 서불 일행이 제일 먼저 도착한 지점이 바로 당시 영주로 불렸던 제주도였습니다. 이튿날 아침에 서불은 해상에서 떠오르는 일출을 보고 생사의 기로에 있었던 여정이 드디어 막을 내렸음을 실감했습니다. 서불은 일행이 무사히 목적지에 도착한 것을 기념하기 위해 바닷가 한 바위에다 '조천'이란 두 글자를 새겨 놓았습니다. 이 지역은 지금도 조천읍 조천리로 명명되어 있습니다. 서불은 동남동녀를 거느리고 그곳을 출발해 불로초를 찾아 영주산(한라산의 별칭)에 올랐습니다. 그때 그들이 불로초라고 여겨 채집한 것이 '시로미'와 '영지'였습니다. 서불 일행이 산에서 내려와 정방폭포를 경유할 때 그 아름다움에 감탄하여 '서불과차'라는 글을 그곳에 새겨 놓았다 합니다. 새겨진 글이 1950년까지도 알아볼 수 있었다고 하는데 오랜 세월이 흐르면서 지금에 와서는 알아볼 수 없게 되었다고 합니다.

서불이 제주도를 떠나면서 서쪽을 향해 집으로 돌아간다는 말을 남겨서 그때 그 부두를 서귀포항라고 부릅니다. 지금의 서귀포시의 이름은 이렇게 유래되었다고 합니다. 그러나 실제로 서불 일행은 그가 말한 것처럼 서쪽으로 가지 않았고 결국은 중국에도 돌아가지 않고 오히려 정반대로 동쪽을 향해 일본으로 갔습니다.

14 龙头岩
용두암

首先我们要去的景点是离机场最近的龙头岩。因其形状酷似一条腾空起飞的龙头，因此而得名。

据传说，很久以前生活在海里的龙王得了重病，到处求医也弄不清病因，用尽了各种草药不见好转，无奈打听到了一位有名的算卦先生并向他求教，便得知汉拿山上长有不老草，采来吃了就可见好。龙王就立马派使者去采回不老草，吃了一次果真痊愈了。这使龙王生了贪心。心想就吃了一回药草，就能得到痊愈，要是再吃上一回不得长生不老

啊! 于是龙王又派其使者去采回药草。

谁知结果把山神珍惜的药草地糟蹋得乱七八糟。山神知道了这事, 赶上有一天龙王的使者正从海岸冲上来的一瞬间, 就用火箭射中了他, 致使原封不动地凝缩在那里了。

无论是波澜起伏还是平静如水, 龙头岩却默默地与济州共命运, 成为了最广为人知的旅游名胜。

不都说旅游剩下的便是照片嘛, 何不下车以汹涌澎湃的波涛为背景, 沐浴着大海的清新, 拍下几张纪念照呢?

어휘

酷似 kùsì 몹시 닮다. 매우 비슷하다.
腾空起飞 téngkōng qǐfēi 공중으로 날아오르다.
痊愈 quányù 병이 낫다. 완쾌되다.
糟蹋 zāo tà 낭비하다. 못쓰게 하다. 손상하다. 망치다. 파괴하다.
乱七八糟 luàn qī bā zāo 엉망진창이다. 아수라장이다. 혼잡하다.
射中 shèzhòng 쏘아 맞추다. 명중하다
原封不动 yuán fēng bù dòng 개봉하거나 손대지 않고 원래 그대로 두다. 원래 모양대로 그대로 하다.
凝缩 níngsuō 응축(하다)
波澜起伏 bōlán qǐfú 파도가 일다.
汹涌澎湃 xiōng yǒng pēng pài 물결이 세차게 출렁이다. 기세가 막을 수 없이 세차다.

해석

먼저 공항에서 가장 가까운 관광지 용두암으로 여러분을 모시겠습니다. 바위가 마치 입을 벌려 하늘로 솟아오를 듯한 용의 머리와 닮았다 해서 용두암이라고 불리어졌습니다.

전설에 의하면 옛날 바다 속의 용왕님이 큰 병환이 났답니다. 사방에 수소문을 해 봤으나 병명을 모르고 별별 약을 다 써 봤으나 낫지 않자, 유명한 점쟁이에게 가서 물어보니 한라산에 있는 불로장생의 약초를 캐다가 먹으면 낫는다고 하는 겁니다. 용왕이 사자인 용을 보내어 불로장생의 약초를 캐다가 한 번 먹었더니 아니나 다를까 병이 씻은 듯이 나았다죠. 그러자 용왕님이 욕심이 생겼어요. 약초를 한 번 먹고 병이 싹 사라졌는데 한 번 더 먹으면 장수할 수 있지 않을까 싶어 용을 또 보냈답니다.

결국은 산신령님이 아끼는 약초밭을 쑥대밭으로 만들어 놓고 말았답니다. 어느 날 산신령님이 이 사실을 알고 사신이 해안가로 올라오는 순간 불화살을 쏘아 용이 그대로 굳어 버리고 말았답니다.

파도가 없을 때나 산더미처럼 밀려올 때나 끄떡없이 제주의 역사와 함께 해온 바위로서 관광지 중 가장 널리 알려진 곳이라 하겠습니다.

관광을 하면 사진밖에 남지 않는다고 하는데 밀려오는 파도와 함께 기념 촬영하시면서 바다의 싱그러움을 느껴보시지요.

15 三姓穴
삼성혈

下面我们要去的地方是济州开国神话的发源地三姓穴。顾名思义，也就是所谓三个不同姓氏的人破土而出的洞穴。太古之初，济州岛上没有人，没有太阳，没有月亮，也没有昼夜。突然伴随着闪电雷鸣天地震动，在汉拿山北部山脚下涌现出了三位仙人，就是高氏、梁氏、夫氏三人，名叫高乙那、梁乙那、夫乙那。他们生活在洞窟里，以采集、捕鱼和狩猎为生。有一天他们沿着济州东海岸散步，发现有个用紫色的泥土密封的木盒漂浮在海边，打开一看，里面有三位十五岁左右的妙龄女郎，身着翠绿的服饰，静静地坐在那里。

一旁的使者把随身带来的马驹和牛崽以及五谷种子卸下来，然后连磕两次头，开口说："小人乃碧浪国的使者，我们国王陛下有三位公主已长大成人，可如今还没有找到匹配的郎君，正为此忧虑之时，见西海上空透出紫色的光，便说这必是吉祥之兆：有三位仙人下凡，要在西海创建王国，但没有娘子匹配，便令我带三位公主前来叩见。望能结下良缘，开创宏图大业。”说完便腾云飘然而去。三位仙人按照年龄各选了相配的公主，在婚姻池（城山邑温坪里）举行了婚礼，然后赶到了三射石（华北洞）射箭而定安顿之处，划分了三个区域，养儿育女，共建家园。

不可思议的是即使下再大的雪，三姓穴周围雪堆得再高，三姓穴的凹坑处也从不积雪，而且围绕着三姓穴的树木似乎都在朝着洞穴叩拜，树枝全都倒向那儿，令人肃然起敬。

济州岛的人口当中高、梁、夫三个姓氏几乎占去了一半。从这个事实上我们也可断定这个故事绝不是凭空捏造的。每年12月10日，就是济州道民为开国始祖献祭之日。

어휘

顾名思义 gù míng sī yì 이름을 보고 그 뜻을 생각하다. 이름 그대로. 글자 그대로

妙龄 miàolíng 묘령, 묘년, 꽃다운 나이

身着 shēn zhuó 옷을 입고 있다.

马驹 mǎjūr 망아지, 새끼말

牛崽 niúzǎir 송아지

磕头 kē tóu (이마를 땅에 조아리며) 절하다.

匹配 pǐpèi 배필로 되다.

吉祥之兆 jíxiáng zhī zhào 길한 징조

下凡 xià fán (신선이) 속세에 내려오다.

不可思议 bù kě sī yì 상상할 수 없다. 불가사의하다.

肃然起敬 sùrán qǐjìng 존경하는 마음이 생기면서 숙연해지다.

凭空捏造 píngkōng niēzào 근거 없이(터무니없이) 날조하다.

해석

다음으로 손님 여러분께서 가실 곳은 제주의 개국 설화를 말해 주고 있는 삼성혈입니다. 삼성혈은 문자 그대로 각기 다른 성씨를 가진 세 사람이 솟아 나온 구멍입니다. 태고의 제주섬에는 사람이 살지 않았고 해도 달도 날도 없었답니다. 그런데 갑자기 번개와 벼락치는 소리가 온 천하를 뒤흔들었습니다. 이윽고 한라산 북쪽 기슭에서 선인 세 사람이 솟아 나왔습니다. 즉 고씨, 양씨, 부씨 성을 가진 세 사람으로 각기 고을나, 양을나, 부을나라고 불렀습니다. 그들은 동굴 속에서 거주하며 채집, 조업, 수렵을 하면서 살았답니다. 어느 날 이들이 제주 동쪽 바닷가로 산책을 나갔다가 자주빛 흙으로 봉한 목함이 바다

저쪽에 떠 있는 것을 발견했습니다. 이를 가져다 열어 본즉, 15세쯤 되는 아리따운 처녀 세 명이 푸른 옷을 입고 다소곳이 앉아 있었습니다.

동행한 사자가 함께 갖고 온 망아지와 송아지 그리고 오곡의 종자를 내놓으며 절을 두 번하고 엎드려서 말씀 올리기를 "소인은 벽랑국의 사자이옵니다. 우리 임금님께서 세 공주가 나이가 찼는데 적당한 배우자가 나타나지 않아 탄식하고 계시던 중, 근자에 서쪽 바다의 하늘에 자주빛 기운이 서려 있음을 보시고 성스러운 일이라 하시며, 서해 가운데 세 선인이 내려와 장차 나라를 세우고자 하나 배필이 없다고 말씀하시면서, 저에게 세 공주를 모시고 가라는 명령을 내렸습니다. 부디 좋은 혼인을 맺으시고 대업을 이루시기를 바라옵니다."라고 하고는 홀연히 구름 속으로 사라져 버렸습니다. 세 선인은 나이에 따라 세 공주를 각각 배필로 정하고 혼인지(성산읍 온평리)에서 혼례를 올린 후 삼사석(화북동)에 이르러 활을 쏘아 각자 거처할 곳을 세 구역으로 나누고 자손들과 함께 삶을 개척해 나갔답니다.

신기한 것은 아무리 눈이 많이 와도 삼성혈 주변에는 눈이 쌓일망정 그 웅덩이에는 눈이 쌓이지 않습니다. 그리고 삼성혈을 빙 둘러 에워싸고 있는 나무들은 한결같이 세 구멍을 향해 머리를 숙인 듯 가지를 뻗고 있는 모습이어서 더욱 경이로움을 자아냅니다.

제주도 인구 중 고씨, 양씨, 부씨 세 성씨가 거의 절반에 달합니다. 이런 사실만 보더라도 이 신화는 억지로 지어낸 이야기가 아님을 입증해 주고 있습니다, 매년 12월 10일은 제주도민의 개벽 시조에게 제사를 지내는 날입니다.

16 山房山
산방산

下面我们要去的景点是山房山。

山房山海拔395米。在济州岛360个喷火口中，唯有山房山是凸形喷火口，其余都是凹形喷火口。山房山被指定为天然纪念物。这里奇岩林立，雾气腾腾，透着一种神秘的色彩。传说从前有个猎人去打猎，射箭失手，射中了山神–雪门台老奶奶的屁股，雪门台老奶奶一气之下顺手抓起汉拿山的山峰向猎人撇去，这个山峰掉落在这里就成了如今的山房山，山峰被拔掉之处就成了白鹿潭。不知是不是偶然，白鹿潭的周长和山房山的周长一样长，而且生长的植物也都相同，这也引起了学术界的关注。

어휘

雾气腾腾 wùqì téngténg 안개가 자욱이 피어오르다.

해석

다음코스는 산방산이 되겠습니다.

해발 395m의 산방산은 제주도의 360여 분화구들이 모두가 용형인데 비해 유일하게 철형입니다. 천연기념물로 지정된 산방산은 안개 사이로 드러내진 기암괴석들이 신비의 색채를 더해 줍니다. 전설에 의하면 옛날에 한 사냥꾼이 한라산에 사냥을 나갔다가 활을 쏜 게 실수로 산신령인 설망대할망의 엉덩이를 명중했다고 합니다. 이에 화난 설망대할망이 한라산의 주봉을 손에 잡히는 대로 뽑아서 사냥꾼을 향해 던졌는데 땅에 떨어져 오늘날의 산방산이 되었고 뽑힌 자리는 지금의 백록담이 되었다고 합니다. 정말 신기하게도 백록담의 둘레와 산방산 둘레가 같을 뿐더러 자생하는 식물조차도 같아서 학계의 관심을 모으고 있다고 합니다.

17 山房窟寺
산방굴사

在山房山的120米高处有个天然洞窟，从高丽时代开始作为寺庙，名叫山房窟寺。传说这里有个叫山房德的女神，化为女人来到凡间，她美貌出众，聪明过人，贤惠温柔，真是人见人爱。她和一个叫高僧的小伙子经过一番热恋之后，"有情人终成眷属" 他们结为夫妻，开始了甜甜蜜蜜的新婚生活。但是垂涎于山房德美貌的男人太多，她的美貌反而播下了不幸的种子。当时有个地方官，看中山房德的美貌，就诬陷她的丈夫，把他投进监狱。然后用尽各种甜言蜜语加上威胁恐吓，想霸占山房德，可忠贞不渝的山房德痛恨人间的残酷，悔恨来到人间，又重新回到山房山化为了岩石。

现在人们都说山房窟岩石上滴下来的药水就是山房德的眼泪，这正是山房德分给人们她没享受尽的人生。喝一口延长寿命三年，两口六年，三口就能延长十年。要是喝得过多，就返老还童了，最后会变成婴儿的，那得抱着回去了，我们可没人抱，所以千万可别喝太多了。当然变成婴儿是不可能的，这是我说的，但真的传说说如果过份贪心，喝太多的话反而就缩短寿命。

喝了这个药水还要像山房德那样对爱情忠贞不渝。并且这个窟寺的形状酷似女人的子宫，所以传说到这儿许愿，能够得子。因此，到这儿烧香拜佛的人络绎不绝。

어휘

凡间 fánjiān 인간세상
有情人终成眷属 yǒu qíng rén zhōng chéng juàn shǔ 오랜 노력 끝에 사랑의 결실을 맺어 부부가 된다.
甜言蜜语 tián yán mì yǔ 달콤한 말, 감언이설 = **甘言美语**
威胁恐吓 wēixié kǒnghè 위협공갈하다.
忠贞不渝 zhōng zhēn bù yú 충성의 지조가 변함없다. 충성의 마음이 확고부동하다.
返老还童 fǎn lǎo huán tóng 늙은이가 젊은이로 되돌아오다. 다시 젊어지다.
别~了 동사나 형용사 앞에서 완곡한 명령이나 금지(부정의 태도)를 나타낸다. 문장 끝에 '了'를 쓰면 충고의 의미가 되고 어투가 한층 부드러워진다. "~하지 마시오"
烧香拜佛 shāoxiāng bàifó 향을 피우고 불상 앞에서 절한다.
络绎不绝 luò yì bù jué (사람 말 수레 배 등이) 왕래가 잦아 끊이지 않다.

해석

산방산 120m지점에 굴이 하나 있는데 고려시대부터 사찰로 사용되어 왔고 산방굴사로 불립니다. 또 전설에 따르면 산방덕이라는 여신이 인간으로 화하여 태어났답니다. 산방덕은 빼어난 미모에다 똑똑하고 성격까지도 유순해서 사람들의 사랑을 독차지했답니다. 그녀는 고승이란 총각과 열렬한 사랑 끝에 결혼하게 되었고 꿀물 흐르는 신혼생활을 하게 되었습니다. 그러나 산방덕의 미모를 탐하는 남자들이 많아서 그녀의 미모는 도리어 불행의 씨앗이 되고 말았습니다. 그때 당시 사또가 산방덕의 미모를 보고 반하여 남편 고승을 억울한 죄명을 씌워 옥에 가두어 버렸답니다. 그리고 산방덕에게 온갖 감언이설과 위협으로 야욕을 채우려 하였으나 절개가 굳은 산방덕은 인간세계가 이처럼 죄악에 차있으리라고 생각지 못했던지라 인간계에 내려온 것을 한탄하고 그녀는 다시 산방굴에 들어가 스스로 바위가 되어버렸습니다.

지금도 그 바위 밑으로 떨어지고 있는 약수는 산방덕의 눈물로 자기가 못 누린 이승의 생을 많은 사람들에게 나누어 주는 눈물 약수로, 한 모금 마시면 3년을, 두 모금 마시면 6년을, 세 모금 마시면 10년을 더 살게 해 준답니다. 그런데 너무 많이 마시면 꼬마까지는 괜찮은데 나중에 아예 갓난아기가 되어 버리면 안고 내려갈 수밖에 없는데 아마 안아 줄 사람이 없을 거로 보이니까 너무 많이는 마시지 않는 게 좋겠습니다. 갓난아기가 된다는 것은 제가 지어낸 말이고요, 근데 실제로 전설에는 너무 많이 마시면 도리어 수명을 짧게 만들어 버린다고 전해집니다.

또 이 약수를 마시면 산방덕처럼 일편단심의 사랑을 할 수 있답니다. 또 하나의 설은 산방굴사의 모양이 여성의 자궁과 흡사하여, 여기서 소원을 빌면 아이를 가질 수 있답니다. 그래서 이곳을 찾아 향을 태우고 불공을 올리는 사람이 줄을 잇는답니다.

18 哈梅尔纪念碑
하멜기념비

大家请看那个纪念碑。这个纪念碑叫做哈梅尔纪念碑。

这是1980年10月13日韩国国际文化协会和荷兰海外文化历史财团各投资一万美元为纪念历史事实为纪念哈梅尔而建立的纪念碑。为什么要给哈梅尔建纪念碑呢?

哈梅尔是一位荷兰探险家,1653年哈梅尔一行64人乘坐荷兰商船路过中国的台湾要去日本时,不幸遇到风浪,漂流到济州道的加坡岛。当时韩国还是个非常闭塞的国家,从来没有见过西方人,当地的渔民发现突然从海里冒出来了黄头发蓝眼睛大鼻子的家伙,弄不清楚这是动物还是人,于是把他们抓了起来,脖子上套上绳子牵着游街示众。

要弄清到底是人还是动物,怎么能辨认呢?他们想人和动物的区别就是人会讲话而动物不会,于是就跟他们说话,可他们讲的叽里咕噜的也让人听不懂,既不像人说话也不像动物叫，当时他们还以为是人的话讲的就是韩国话。不行，这还是弄不清他们是人还是动物。

于是又采用了第二种辨认方法，那就是给他们吃人吃的饭和狗食，这些人都饿极了，哪有什么可挑挑拣拣的，管它是人饭还是狗食，一到手就狼吞虎咽起来。这样，还是弄不清是人还是动物。

于是又采用了第三种辨认方法。大家说说看看，人和动物最根本的区别是什么？

那就是笑。哭，动物也会哭，可笑，动物却不会笑。于是就设法让他们笑，可当时他们哪有心情笑啊，所以他们还是弄不清人还是动物。

于是把他们送到汉城的朝廷。这样一折腾，死了将近一半的人，就剩下了30几个人。在那儿又把他们圈起来，就像到动物园观看动物一样，每天有许多人过来围观。这样看够了，觉得让他们这样白白地吃干饭闲着不划算，于是又把他们送到了全罗南道的监狱，让他们干活。

这样一折腾，又死了不少人，最后就剩下十几个人。这样他们在韩国呆了14年，后来对韩国也都相当的了解，行动也稍微自由了一些，于是哈梅尔跟几个人密谋潜逃最终得以成功。

他回到荷兰之后，写了哈梅尔漂流记。以前在世界上，尤其是在西方国家，很少有人知道有个叫KOREA的国家，通过哈梅尔儿的漂流记才广为人知。虽然当时他描写韩国是非常可怕的国家，韩民族也是非常可怕的民族，可是他的这本书让世人了解韩国起到了很大的作用，为我们韩民族做了一件很大的好事。

因此，为他建起了这座纪念碑，最后又投资修建了哈梅儿纪念馆。

어휘

游街示众 yóujiē shìzhòng 죄인을 앞세우고 거리로 다니며 여러 사람들이 보게 하다.
辨认 biànrèn 분별하다. 분간하다.
叽里咕噜 jīligūlū (의성어) 중얼중얼, 웅얼울얼
挑拣 tiāojiǎn 고르다. 선택하다.
管它 guǎntā 마음대로 해라. 상관하지 않는다.
狼吞虎咽 láng tūn hǔ yàn 게걸스럽게 먹다. 꿀꺽 삼켜버리다.
将近 jiāngjìn 거의 …에 가깝다.
密谋 mìmóu 비밀계획, 비밀모의, 음모책동을 하다.

해석

저기 기념비가 보이시지요? 하멜을 위해 세운 기념비입니다.

1980년 10월 13일 한국국제문화협회와 네덜란드문화역사재단이 각기 1만 달러씩 출자하여 역사적인 사건과 함께 하멜을 기념하기 위해 세운 기념비입니다. 도대체 하멜은 어떤 사람이기에 그를 위한 기념비까지 세울까요?

하멜은 네덜란드의 탐험가로서 1653년에 일행 64명과 함께 네덜란드 무역선으로 중국의 대만을 경유해 일본 쪽으로 항해하던 중 예기치 못한 폭풍우에 휩쓸려 제주도의 가파도 해안에 표착하게 되었습니다. 그때 당시의 한국은 정말 폐쇄적인 국가로서 서양 사람들을 만나본 적이 거의 없었습니다. 그들을 발견하게 된 지역 어민들은 바다로부터 갑자기 나타난 노랑머리에다 파란 눈과 커다란 코가 달린 이들을 보고 동물인지 사람

인지 구분이 되지 않아서 목에다 줄을 매어 구경거리로 여기저기 끌고 다녔다 합니다.

그리고는 진정 사람인지 동물인지 알아내고 싶은데 어떻게 하면 가려낼 수 있을까 하고 고민 중 떠오른 것이 사람과 동물이 가장 다른 점이라면 사람은 말할 수 있으나 동물은 불가능하다는 것이었습니다. 바로 그들에게 말을 걸어보니 무슨 혀꼬부랑 소리를 하는데 도저히 뭐라는지 한마디도 알아들을 수도 없었겠지요. 이거라고 무슨 사람이 하는 말 같지도 않고 동물이 내는 소리도 같지도 않고. 그때 한국 사람들은 사람이라면 무조건 다 한국말만 하는 줄로 알고 있었나 봅니다. 이거 안 되겠는데, 이 방법으로는 사람인지 동물인지 도저히 알아낼 수 없다는 생각이 들었지요.

그래서 다른 방법을 도입해 봤지요. 그들에게 사람이 먹는 음식과 개밥을 줘 보기로 했지요. 근데 배고파 죽을 지경인데 이것저것 가릴 게 뭐가 있겠어요. 사람이 먹는 밥이든지 개밥이든지 닥치는 대로 게눈 감추듯이 먹어치웠지요. 그러니 이 방법으로도 사람인지 동물인지 여전히 구분해 낼 수가 없었겠지요.

그래서 세 번째 방법을 시도해 보기로 했는데, 여러분들 생각에는 사람과 동물이 가장 다른 점이 뭐겠어요?

바로 웃음이랍니다. 동물들은 눈물은 흘리나 웃을 줄은 모른다고 합니다. 그래서 웃게 보려고 온갖 방법을 다 동원했건만 그 대목에 그들이 무슨 웃을 기분이 나겠어요. 결국은 사람인지 동물인지 여전히 알아내지 못했답니다.

결과적으로는 그들을 서울에 있는 조정으로 이송하고 말았지요. 이렇게 시달리다 보니 거의 반 정도가 죽고 30여 명밖에 안 남았습니다. 서울에서는 그들을 가두어 놓고 동물원에서 동물 구경을 하듯이 매일 사람들이 몰려와서 구경했다고 합니다. 구경을 실컷 하고 나서는 그냥 아무것도 안 시키고 이렇게 밥만 먹이면 수지가 맞지 않다는 생각이 들어서 다시 그들을 전라남도 유배지로 보내 일을 시키기로 했습니다.

또 한바탕 시달리고 나니 많은 사람이 죽고 10여 명밖에 남지 않았습니다. 결국 그들은 한국에 14년이나 묶여 살게 되었고 한국에 대해서도 많은 것을 알게 되었습니다. 행동 또한 조금씩 자유로워지기 시작했습니다. 최종적으로 하멜과 함께 몇 사람이 탈출에 성공했습니다.

그가 네덜란드로 귀국하게 된 후 하멜 표류기를 썼습니다. 그때만 해도 세계에서 특히 유럽에서는 한국을 아는 사람이 거의 없다시피 했는데 하멜표류기를 통해 널리 알려지기 시작했습니다. 비록 한국과 한민족이 끔찍하고 무서운 나라로 그에 의해 묘사되기는 했지만 그래도 그가 쓴 이 책이 한국을 세상에 알리는데 중요한 역할을 하게 되고 따라서 한민족을 위한 유익한 일이 된 거지요.

그래서 그를 위해 기념비를 세우고 또 하멜 기념관까지도 만들었습니다.

19 三多水
삼다수

济州没有江也没有河，所以济州过去非常缺水，可现在不但不缺水还可以出口。那济州人喝的是什么水呢？就是雨水，也就是雨水渗透形成的地下水。

那怎么能不缺水反而还能出口呢？因为济州岛是在韩国降水量最大的地区，年平均降水量为1872mm。每天采水500~600m^3，水位也不会下降，反而还要上升。因此济州人用也用不完，还有余富可以出口。

从地质上看，济州是火山爆发110多次形成的火山岛，层层的火山岩板构成了一个巨大的过滤器，可以说整个济州岛本身就是一个庞大的天然过滤器，这天然过滤器比人工过滤器还要好，因为地层结构是由多孔质的玄武岩和黑色的火山灰土组成的，在水渗透的过程中起到了净化作用，测量结果显示其性能毫无逊色于活性炭。

因此，在韩国只有济州岛的水是不用烧开也可以直接饮用的。

并且渗透过程中矿物质溶解在水中，因此这样的水具有了保健作用和防止老化的作用。因为是天然过滤，水的味道也甘甜温和，在国际上也获得了很高的评价。自1998年2月以"三多水"的牌子开始正式投产以来，"三多水"在很多国际比赛中被作为了指定饮用水。

어휘

余富 yúfù 나머지, 남은 것
本身 běnshēn 자신, 자체
毫无逊色 háowú xùnsè 아무런 손색도 없다.
甘甜 gāntián 달다.

해석

제주도에는 강도 없고 하천도 없습니다. 그래서 과거에는 정말 물이 귀했습니다. 그러나 지금은 물이 부족하기는커녕 오히려 수출까지 하고 있습니다. 그러면 제주 사람들이 마시는 물은 어떤 물일까요? 바로 빗물입니다. 빗물이 스며들어 형성된 지하수랍니다.

근데 어떻게 물이 부족하지 않고 오히려 수출까지 가능할까요? 제주도의 연간 강우량은 1,872㎜로 한국 내의 최다우 지역으로서 매일 물을 500~600m^3씩 끌어올려도 수면이 줄어들지 않고 오히려 상승합니다. 그렇기 때문에 제주도 사람들이 쓰고 싶은 대로 다 쓰고도 새로 계속해서 생기기 때문에 수출까지도 가능하답니다.

지질 구조로 볼 때 제주도는 110회 넘는 화산 활동으로 형성되어진 화산섬으로서, 화산 활동이 이루어지는 과정에서 분출된 겹겹의 현무암질이 용암층으로 이루어져 하나의 커다란 필터링 역할을 합니다. 제주섬 자체가 하나의 방대한 천연 여과기나 다름없습니다. 이 천연 여과기는 인공 여과기보다 훨씬 좋습니다. 지층 구조가 다공질 현무암과 송이(화산재)와 흙이 쌓인 독특한 지질 구조로 형성되어 빗물이 지하로 침투하는 과정 중에 자정 작용을 하게 되며, 그 정화 기능은 활성탄과 비교해도 손색없습니다.

따라서 한국에서는 제주도 물만큼은 끓일 필요 없이 그냥 마셔도 됩니다.

특히 빗물이 현무암층을 통과하는 동안 각종 유익한 천연 미네랄 성분들이 자연 용해되어 건강에도 좋고 노화 방지 특성을 지닌 부드럽고 맛이 좋은 건강수로서 세계적으로도 높은 평가를 받고 있습니다. 1998년 2월 '삼다수'라는 브랜드로 본격적으로 출시되면서 삼다수는 많은 국제적인 스포츠 대회에서도 식수로 각광을 받고 있습니다.

20 龙头海岸
용머리해안

山房山下是由奇岩绝壁形成的非常壮观的海岸景色，因其形态非常像一条龙扭动着身子扎进海里，龙头海岸因此而得名。

传说秦始皇统一中国后，恐怕出现一个强劲的对手夺其皇位而深感不安。正这时候他听到传闻，说有个地方的地脉呈现皇帝出世的征兆，于是派善于看风水的胡宗旦去砍掉这个龙脉。

胡宗旦奉命寻找龙脉来到了济州岛，他登陆的地方至今还被叫作宗旦里。登陆后，他开始到处寻找龙脉，终于找到了龙头海岸。看这里的地势活像一条活龙，恐怕皇帝所担心的事情发生，于是砍掉了龙的尾巴，并在龙的后背上又砍了数刀，这样彻底砍断了龙脉。

因此，济州岛没有出现过皇帝，也没有动物之王的猛兽—

老虎、狮子之类的了。

龙头海岸可谓处处隐藏绝境，吸引着无数摄影师和游客。我们如果身临其境也会赞叹大自然的神奇与美妙的。

어휘

扭动 niǔdòng (몸을 좌우로) 흔들거리다. 한들거리다.
活像 huóxiàng 꼭 닮다. 아주 비슷하다.
身临其境 shēn lín qí jìng 그 장소에 직접 가다. 그 입장에 서다.

해석

산방산에서 내려다보이는 바닷가에 기암괴석이 장엄한 해안 절경을 이루고 있는데 해안의 언덕 모양이 마치 한 마리의 용이 꿈틀거리며 바다로 들어가는 형상처럼 보인다고 해서 용머리해안으로 불립니다.

전설에 따르면 진시황이 중국을 통일한 이후 혹시나 그의 제왕 자리를 가로챌 강적이 나타나지나 않을까 하여 노심초사하던 중, 어떤 곳의 지맥이 제왕이 나타날 징조가 보인다는 소문이 들려왔습니다. 이 말을 듣자 풍수지리에 능한 호종단에게 이 혈맥을 끊어 버리도록 명령을 내렸습니다.

호종단이 명을 받들어 찾은 곳이 바로 제주도인데 그가 상륙했던 곳을 지금도 종달리라고 부릅니다. 그는 여기저기 용맥을 찾아다니다가 마침내 용머리해안에 이르렀습니다. 이곳 지세가 살아 꿈틀거리는 한 마리의 용과 흡사해서 황제가 걱정하는 일이 행여 일어나지나 않을까 싶어 용의 꼬리를 잘라 버리고 또 잔등을 수차례 칼로 찍어 용맥을 완전히 절단시켰다고 합니다.

그런고로 제주도에는 왕이 나타나지 않았고 동물 세계에서 왕격인 맹수 호랑이나 사자도 없다고 합니다.

용머리해안의 곳곳에 숨겨진 절경이 수많은 사진작가와 관광객을 매료시키고 있습니다. 이 절묘한 비경 속에 들어서는 순간 자연의 신비와 오묘함에 탄성이 저절로 나옵니다.

21 笑话
유머

最后的选择
마지막 선택

我给大家讲个故事吧。

在一艘超豪华的游览船上，坐着世界各国的游客，不幸船要沉没了。每个救生艇上只能坐十个人，可最后一个救生艇上上了11个人。为了救十个，只好牺牲一个。那怎么决定这个人呢？正不知怎么办时，自称老大哥的美国人站起来，装模作样地说："我来吧。"

这时自称礼仪之国的英国人站起来，假猩猩地说："我来吧。"这时中国人也站起来说："我们是人口大国，少我一个不算什么，还是我来吧。"

这时韩国人也站起来了说："还是我来吧。"然后高声喊：

"大韩民国万岁!", 随后就听到"扑登"一声。

大家紧张地闭上了眼睛, 可他们再睁开眼睛一看, 韩国人还站在那儿, 这怎么回事呢, 原来他把旁边的日本人一脚踹了下去。

어휘

装模作样 zhuāng mú zuò yàng 허세를 부리다. 거드름 피우다.
假猩猩 jiǎ xīngxīng 거짓, 허위, 위선
踹 chuài (발로) 차다. 걷어차다.

해석

이야기 하나 들려 드릴까요?

쿠르즈 유람선에 세계 여러 나라 사람들이 타고 있었습니다. 그런데 불행하게도 배가 침몰하게 되었습니다. 10명밖에 탈 수 없는 마지막 구명정에 11명이 타게 되었습니다. 열 명을 살리려면 한 명을 희생시킬 수밖에 없는 상황이었습니다. 이 한 사람을 어떻게 선정해야 하는지 몰라서 쩔쩔매고 있는데, 자칭 세계 맏형이라는 미국 사람이 "제가 희생하겠습니다." 하며 폼 잡고 나서는 척했습니다.

이때 자칭 예의지국이라는 영국 사람이 일어서서 위선을 떨며 "아닙니다. 제가 하겠습니다."라고 말했습니다.

이때 한국 사람이 일어서더니 "내가 하는 게 좋겠습니다."라고 말하고는 "대한민국 만세!"라는 외침 소리와 함께 '풍덩'하고 물에 떨어지는 소리가 들려 왔습니다.

다들 긴장해서 한참 눈을 감고 있다가 떠보니 웬걸 한국 사람은 그냥 그 자리에 서 있었습니다. 어찌된 일인가, 알고 봤더니 옆자리의 일본 사람을 발로 차서 물에 처박은 것이었습니다.

聪明的男人
똑똑한 남자

我给你们讲个笑话吧。

有两个年轻的夫妇带着孩子去海滨浴场游泳, 金色的沙滩上有许多穿游泳衣的男女。

孩子只有六岁, 见什么都非常好奇, 他看见有的女人胸前“两座山”非常高, 有的却很小, 就好奇的问妈妈为什么有人那么大, 妈妈也不知道怎么回答, 就不加思索地随便扔了一句: “那是有钱的女人。”

噢, 这下孩子明白了。他开始观察每一个女人, 看见两座大大的山, 他心里想 : “噢! 这阿姨好有钱啊, 家里肯定有豪华的汽车, 有漂亮的房子。”看见平平的, 他心里想 : “噢! 这阿姨好可怜阿! 家里一定很穷吧?”

他又看见有的男人挎很大的“枪”, 就好奇地问妈妈怎么回事? 妈妈又随便应付说:“聪明的人就这样。”

于是孩子又开始观察每一个男人，看见挎着大枪的就心里嘀咕："这叔叔好聪明阿！不是博士就得是研究生。"一会儿看见缺乏阳刚之气的，心里就嘲笑："这叔叔一定是大笨蛋！考试肯定科科不及格。"

他这样四处张望着，一个一个评着分……，突然跑回来跟妈妈说："妈妈，妈妈，我发现了奇怪的事情，爸爸见着一个有钱的阿姨，突然聪明起来了。"

어휘

挎	kuà	어깨[목]에 메다. 허리에 차다.
嘀咕	dígu	중얼거리다. 투덜거리다.
四处张望	sìchù zhāngwàng	사방을 두리번거리다.

해석

재미있는 얘기 하나 들려 드리지요.

젊은 부부가 아이를 데리고 해수욕장으로 수영하러 왔습니다. 눈부신 백사장에는 비키니 차림을 한 남녀들로 가득했습니다.

이제 겨우 여섯 살밖에 안 된 아이에게 무엇인들 신기하지 않겠습니까? 앞가슴이 유달리 큰 여성이 있는가 하면, 별로 눈에 띄지도 않는 여성도 있었지요. 마냥 신기한 녀석은 엄마에게 유달리 큰 가슴은 왜 그런지 물었습니다. 엄마는 어떻게 대답해 주면 좋을지 몰라 그냥 별 생각 없이 한마디 던졌습니다. "얘야, 돈 많은 여자는 다 그런 거야."

"아~", 아이는 이제 뭔가 깨달았다는 듯이 여자들을 하나하나 유심히 살피기 시작했습니다. 앞가슴이 특별히 큰 여성을 보면 속으로 "아! 이 이모는 돈이 정말 많구나, 틀림없이 고급 승용차를 타고 멋진 집에서 살 거야!" 앞가슴이 밋밋한 이를 보면 속으로 "어이구, 이 이모 정말 불쌍하다! 아마 찢어지게 가난한가 봐!"

그리고 또 남자들을 보니 큰 권총 한 자루를 찬 것 같은 이가 보였습니다. 신기한 아이는 또 엄마에게 영문을 물어보았습니다. 엄마는 "똑똑하면 그런 거야!"라고 대충 얼버무렸습니다.

아이는 다시 유심히 남성들을 하나하나 살피기 시작했습니다. '큰 총'을 차고 다니는 남자들을 보면 속으로 "야, 이 아저씨 정말 똑똑한가 보다. 박사 아니면 석사일거야." 좀 있다가 다소 남성미가 떨어지는 이를 보고는 속으로 비웃으면서 "이 아저씨는 분명히 돌대가리일 거야. 아마 모든 과목 다 낙제 점수를 맞았을 거야."

아이는 여기저기 쳐다보며 속으로 한 사람 한 사람씩 점수를 매기다가 갑자기 엄마한테로 달려와서 소리쳐 말하기를 "엄마, 엄마, 정말 놀라운 일을 발견했어. 아빠가 돈 많은 이모를 보더니 갑자기 똑똑해졌어."

野生植物
자연산 식물

我再给大家讲个“特别聪明的野生植物”的故事。

有一个专供女人裸泳的海滨浴场, 有几个男人非常想看裸泳,于是他们提前去了, 并把自己埋在沙滩里, 只露出眼睛等待着。

到了傍晚时分, 那激动人心的时刻终于来到了, 一丝不挂的妙龄女郎们, 扭动着身子从眼前而过。

噢, 个个都是有钱的女人, 男人们也突然“聪明”起来了。于是有什么东西破土而出, 一下子拌倒了女人, 女人回头一看, 还有这等稀奇事? 这玩意儿还有野生的?!

어휘

一丝不挂 yī sī bù guà (마음에) 걸리는 것이 없다. 캥기는 것이 없다.
玩意儿 wányìr 물건, 사물 [하찮다는 어감이 포함됨]

해석

'특별히 똑똑한 자연산 식물'에 관한 이야기 하나를 들려 드릴게요.

여성 전용 나체 해수욕장이 있었답니다. 이 해수욕장을 몹시 구경하고 싶은 남성 몇 명이 일찌감치 몰래 백사장에 가서 모래에 몸을 파묻고 눈만 드러내고 여성들이 나타나기를 기다리고 있었습니다.

저녁 무렵, 드디어 그들의 혼을 빼앗아 갈 것 같은 순간이 찾아왔습니다. 몸에 실오리 하나 걸치지 않은 젊고 예쁜 아가씨들이 엉덩이를 살랑거리면서 눈앞을 지나가게 되었습니다.

그야말로 하나같이 '돈 많은 여자'들이었지요. 갑자기 밀려오는 '똑똑함'을 주체할 수 없는 남성들로부터 모래를 뚫고 뭔가 벌떡 솟아 나왔답니다. 걸어가던 여성 한명이 그만 거기에 걸려서 넘어지고 말았지요. 이 여성이 고개를 돌려보더니 놀라움을 금치 못했습니다. "세상에 이런 희한한 일이 다 있다니! 이것도 자연산이 있구나?!"

22 选娱乐项目
즐길거리

到济州来可选的娱乐项目有潜艇、游览船和骑马等。

坐潜艇海底观光，那简直是在传说中的龙宫里身临其境的感觉，五彩斑斓的珊瑚草，千姿百态的鱼群……。

坐游览船在碧蓝色的大海上乘风破浪，欣赏个个风景如画的小岛景观，赞美着造物主的神奇，还可以来到海中钓鱼，杆杆上钩，甚至一杆双钓，处处荡漾着忘情的欢呼声，还可以随即在船上品尝自己钓上来的鱼做的生鱼片，再浪漫不过了……。

穿着骑士服，骑着蒙古马，在绿色的大草原上驰骋，真是威风凛凛，心旷神怡，能把都市的烦恼彻底抛到脑后……。

到济州落下这些会感到遗憾的。

어휘

斑斓 bānlán 여러 빛깔이 섞여서 알록달록하게 빛나다.
千姿百态 qiān zī bǎi tài 자태가 다양하고 서로 다르다.
碧蓝色 bìlánsè 진한 남색
乘风破浪 chéng fēng pò làng 어려움을 무릅쓰고 용감하게 나아가다. 사업이 급속도로 발전하다. 뜻이 원대하고 기백이 있다.
荡漾 dàngyàng 넘실거리다. 출렁이다.
忘情 wàngqíng 감정을 잊다. 감정을 억제할 수 없다.
品尝 pǐncháng 시식하다. 맛보다. 자세히 식별하다.
驰骋 chíchěng 달리다. 사냥하다. 활약하다.
威风凛凛 wēi fēng lǐn lǐn 위풍 당당하다. 위풍 늠름하다.
心旷神怡 xīn kuàng shén yí 마음이 탁 트이고 기분이 상쾌하다.

해석

제주 관광에서 빼놓을 수 없는 것이 즐기는 관광이지요. 이를테면 잠수함, 유람선, 승마 등 한번 선택해 볼만 한 것이지요.

잠수함을 타고 해저 세계를 누비면 그야말로 전설 속의 용궁이 따로 없지요. 울긋불긋 채색 띠를 두른 산호초며 화려한 자태를 뽐내면서 떼를 지어 다니는 다양한 어류들을 볼 수 있답니다.

유람선을 타고 푸른 바다를 가르며 달리다 보면 눈앞에 펼쳐지는 그림 같은 섬들의 아름다움에 매료되어 조물주에 대한 탄성이 저절로 쏟아져 나옵니다. 바다 한가운데서 낚시를 즐기는 묘미, 낚싯대를 던질 때마다 끌

려나오는 물고기. 그것도 한 번에 두 마리씩이나, 곳곳에서 환호소리가 터져 나옴은 말할 것도 없고, 낚은 고기로 즉석에서 맛보는 생선회, 그 하나 하나가 낭만의 절정이지요. 승마복 차림에 몽고말을 타고 푸른 초원을 질주할 때 위풍당당한 그 모습, 확 트이는 마음, 도시의 삶에서 오는 번뇌를 한꺼번에 날려 보내 줍니다.

제주도에 와서 이 묘미를 느껴 보지 못한다면 유감이 아닐 수 없지요.

23 雪门台老奶奶和五百罗汉
설문대할망과 오백나한

传说汉拿山上住着一位叫雪门台老奶奶的女神仙, 她身材高大无比, 枕着汉拿山躺下, 两脚就能伸到济州市。

她有五百个儿子, 号称五百罗汉。他们每天在汉拿山上打猎度日。有一天, 他们又上山打猎去了, 雪门台老奶奶在家里为儿子们熬粥, 她在锅沿上舀着粥, 不慎掉在锅里再也没出来。儿子们打猎回来都饿极了, 见有熬好的粥, 就狼吞虎咽地吃了起来, 还觉得今天的粥味道格外的香甜。最后回来的最小的儿子, 盛粥要喝时发现了人骨头, 这才反映过来原来母亲死在了锅里。他们嚎咷大哭, 痛苦不堪, 为了洗却分食母亲的罪孽, 他们决定化为岩石同母亲的亡灵同在。可最小的弟弟宁死也不肯原谅哥哥们的大逆不道, 于是独自一人跑到遮归岛化为了岩石。

汉拿山西南部的1200m高地上, 耸立着499块庄严的岩石, 这里有五百将军之灵, 所以此处也被称作灵室。

每到春天，周围开满了鲜红的踯躅花，人们认为这鲜花是用499个兄弟的泪血染成的，所以每到春天人们就在此举行踯躅花祭，以慰抚五百将军之灵，同时也为南北统一早日实现祭祀许愿。

어휘

号称 hàochēng, …라고 불리다. …로 유명하다.
罗汉 luóhàn 나한, 부처의 제자
狼吞虎咽 láng tūn hǔ yàn 게걸스럽게 먹다. 게눈 감추듯 하다. 꿀떡 삼키다.
嚎啕 háotáo 큰 소리로 울다.
痛苦不堪 tòngkǔ bùkān 고통스러워서 견딜 수 없다.
罪孽 zuìniè 죄악, 고통
大逆不道 dà nì bù dào 대역무도
慰抚 wèifǔ 위안하다.

해석

전설에 따르면 옛날 한라산 중턱에 설망대할망이 살고 있었는데 몸집이 얼마나 큰지 한라산을 베개 삼고 누우면 두 발은 제주시까지 뻗었다고 합니다.

설망대할망에게 500명의 아들이 있었는데 오백나한이라고 불렸습니다. 그들은 매일 한라산에서 사냥을 하면서 살아갔다고 합니다. 하루는 아들들이 사냥하러 간 사이에 설망대할망이 아들들이 먹을 죽을 끓이면서 가마솥에 걸쳐서 죽을 젓다가 그만 죽 속에 빠져서 죽고 말았다고 합니다. 사냥에서 돌아온 아들들이 배가 고픈지라 죽을 보자 정신없이 먹으면서 오늘의 죽이 특별히 맛있다는 생각이 들었습니다. 제일 나중에 돌아온 막내아들이 죽을 푸다가 솥 밑바닥에 뼈가 있는 것을 발견하고 그때서야 어머니께서 가마솥에 빠져 죽었음을 알아차렸습니다. 그들은 대성통곡했고 가슴은 찢어지듯이 아팠습니다. 그들은 어머니의 살을 먹은 죄를 씻기 위해 바위로 되어 어머니의 망령과 함께 하기로 했습니다. 그러나 막내아들은 죽어서도 형들이 이미 저지른 불의를 용서할 수 없다면서 혼자 차귀도에 가서 바위로 되었다고 합니다.

한라산의 서남쪽 1200고지에 웅장한 바위 499개가 우뚝우뚝 솟아 이중삼중으로 둘러져 있는데 영이 살고 있다 하여 영실 혹은 오백나한이라 부릅니다. 이듬해 봄이 되자 한라산 정상 주변 드넓은 곳에 이름 모를 빨간 꽃들이 피어나자 사람들은 이 꽃을 499형들의 피가 물들어 핀 꽃이라 하여 철쭉제를 지내어 넋을 위로해 주는 동시에 남북통일이 하루빨리 이루어지기도 함께 기원하고 있습니다.

24 药泉寺
약천사

药泉寺是东南亚最大的寺庙，建于高丽时代，1988年重新翻建的。地下两层，地上五层，建筑物有29米高，一共有一万零八尊佛像，到这来许愿拜佛的人络绎不绝。

大家也现在开始想好三个愿望吧。

另外，这里还有药泉，传说包治百病，我们大家也要尝一尝。

해석

약천사는 동양 최대 규모를 자랑하는 사찰로서 고려시대에 건축되어 1988년도에 재건축한 것입니다. 지하 2층, 지상 5층으로서, 건축물의 높이는 29m이고 도합 1만 8개의 불상을 소유하고 있어 이곳을 찾아 불공을 드리고 소원을 비는 사람이 줄을 잇습니다.

여러분들도 지금부터 소원 3개쯤은 생각해 두세요.

그리고 만병통치약으로 불리는 약수가 있는데 우리도 맛 좀 보고 갑시다.

25 城邑民俗村
성읍민속마을

城邑民俗村完好地保存着朝鲜时代济州人的生活面貌。这里一共有三百多间草屋, 被国家指定为第一号民俗材料而加以保护。所以虽然是自己的房子, 但连一根柱子, 一块儿石头也是不能随便动的。

现在还有居民生活在这里, 但在如今高度文明现代化的社会里, 有谁愿意住这样的草房呢, 所以政府对这里的居民给予了大量的补贴, 如子女免费上学, 而且这里的东西也全部免税。

并且这里由村委会组织，由当地居民义务为客人介绍这里的风土人情。

어휘

补贴 bǔtiē (재정에서) 보태다.
风土人情 fēngtǔrénqíng 풍토와 인정

해석

성읍민속마을에는 조선시대 제주인들의 삶의 모습을 그대로 보존하고 있습니다. 이곳에는 300여 개의 초가집이 남아 있고 국가 민속자료 제1호로 지정되어 보호받고 있습니다. 비록 사람이 살고 있는 민가이지만 기둥 하나 돌 하나라도 함부로 손을 대서는 안 됩니다.

현대 문명이 급속도로 발전하고 있는 오늘날 이곳 주민들인들 이런 초가집에서 사는 게 뭐가 달갑겠습니까? 그래서 정부에서 다양한 혜택을 주는데 이를테면 자녀들의 학비를 면제해 주고 게다가 이곳에서 경영하는 모든 물건에 대해 세금을 면제해줍니다.

마을 운영위원회에서 마을 주민들에게 현지 민속 전통에 대한 안내를 의무화하고 있습니다.

正囊
정낭

济州不是没有大门吗?

所谓的大门就是这个。也就是在玄武岩石头上挖几个洞(叫正石), 再搭上几根木头(正囊)。一开始是为了防止牛马进去践踏而设的, 但后来渐渐演变成了一种信号。

搭上一个, 是出去一会儿, 等一会儿再来的意思。搭上两个, 是到地里干活去了, 家里有孩子, 有什么事, 先问问孩子, 等中午再来的意思。搭上三个, 是出远门了, 过几天再来的意思。

这样即使搭上木头了，也能从上面跳上去，或者从下面钻进去，可这样会被看成是小偷的，所以没人这样做。

还有四个洞的，这是寡妇家，禁止男人出入的意思。(开开玩笑：实际上也是信号，让晚间过来的意思。)

어휘

出远门 chūyuǎnmén 먼 나들이를 하다. 멀리 나가다. 집을 멀리 떠나다.

해석

제주도에는 대문이 없다고 했지요?

바로 이 정낭이 대문 역할을 하는 겁니다. 현무암 돌(정석이라고 함)에 구멍을 몇 개 뚫고 나무(정낭) 몇 개를 얹어 놓는 것입니다. 처음에는 소나 말이 가옥에 들어가 난동을 부리는 것을 막기 위해 유래되었는데 점진적으로 주인의 뜻을 전달하는 신호로 되었습니다.

한 개가 걸쳐 있을 때는 '잠시 외출 중이니 잠시 후에 오십시오.'라는 뜻이고 두 개가 걸쳐 있을 때는 '잠시 밭이나 들에 나갔으니 주위에 아이들이 놀고 있으니 물어볼 일이 있으면 아이들에게 물어보시고 오후에나 오십시오.'라는 뜻이고, 세 개가 걸쳐 있을 때는 '출타중이니 며칠 후에 오십시오.'라는 뜻입니다.

보시지요, 이렇게 나무가 걸쳐 있어도 뛰어넘을 수도 있고 밑으로 기어들어 갈 수도 있습니다. 그러나 그렇게 하면 도둑으로 오인받기 때문에 그렇게 하지 않습니다.

구멍이 네 개 뚫려 있는 것도 있는데 이는 과부네 집이라서 '남자들의 출입을 막는다.'는 뜻입니다.(농담조로: 실제로는 '밤중에 찾아오라'고 암시하는 겁니다.)

猪圈和厕所
돼지우리와 뒷간

大家看这是干什么用的?

这就是猪圈。这是济州小黑猪, 肉味非常鲜美。这种猪长不大, 几乎都是瘦肉, 肥膘很少。因此卖得非常贵, 养一头猪赶上养别的猪三头了。

这就是卫生间。过去不是非常缺粮食嘛, 所以这么建的猪圈, 人大便, 猪就过来接着吃。

大家没见过这样露天的卫生间吧, 那为什么这么建呢? 因为济州道屡遭战争的洗礼, 所以即使上厕所时也要观察敌情, 所以建成这样露天的了。

男人上厕所时必须拿着棍子, 这是以防猪把男人最宝贵的东西给吃了, 变成太监。所以一边上, 必须一边赶猪。

어휘

肥膘 féibiāo 지육(脂肉), 비계
太监 tàijiàn 환관, 내시

해석

이쪽으로 봐주세요. 이게 뭘 하는 걸까요? 돼지우리입니다. 이것이 제주의 흑돼지입니다. 고기가 맛있기로 소문났지요. 흑돼지의 특징은 크게 자라지 않으며 비계는 거의 없고 살코기가 많습니다. 흑돼지는 고가로 팔리는데요, 한 마리 키우면 다른 돼지 세 마리 키운 거와 맞먹는다고 합니다.

이것이 바로 뒷간(화장실)입니다. 과거에는 식량이 부족했잖아요, 그래서 이렇게 화장실을 만들었다고 합니다. 사람들이 변을 보면 돼지가 건너와서 바로 받아먹었지요.

아마 여러분들은 이렇게 노출되어 있는 화장실은 본 적이 없지요? 왜 이렇게 지었을까요? 제주도는 전쟁의 피해를 많이 겪은 섬으로서 화장실을 이용할 때도 적들의 동정을 살피기 위하여 이렇게 노천식으로 지었다고 합니다.

남자분들은 화장실에 갈 때 막대기를 꼭 갖고 가는데, 이는 자칫하면 돼지가 남자들의 가장 소중한 거시기를 먹어 버려 내시가 되는 것을 막기 위한 용도랍니다. 막대기로 돼지를 계속 쫓아가면서 일을 봐야 합니다.

尿罐
요강

这是尿罐。把尿都装在这里，施肥用。过去肥料非常缺，所以到邻居家串门儿，有尿都回来撒。

어휘

串门儿 chuànménr 마을 가다. 이웃에 놀러 가다. = 串门子.

해석

요강입니다. 오줌을 여기에 모아 두었다가 거름으로 씁니다. 옛날에는 거름이 부족해서 동네에 마실 나갔다가도 오줌 마려우면 다들 집에 와서 봤답니다.

挑水用的禾帛
물허벅

这是挑水用的，叫禾帛。大家可能一说起韩国妇女，浮现出的形象便是头顶着东西的样子。可济州的妇女不是用头顶，而是这样用后背背着。为什么济州女人不用头顶而用后背背东西呢？

这正体现了济州三多的特点。济州石头多，所以走路时必须低头看地，要不容易踩石子滑倒。再说风特别大，头顶着东西容易吹倒，所以不适合头顶着。

好，哪位男士想背一背？好，好，先听我说完，你再决定背不背。在济州，男人不背这个东西，说是已婚男人背，要离婚的，未婚的男人背，一辈子会找不着对象的。

好，现在还有谁想背？

为什么这么说呢？过去济州非常缺水，都到很远的溪谷去挑水。济州不是女人多吗？所以那样僻静的地方，男人一去是很容易出事的，所以就不叫男人去了。这下男人更轻松了，重活都推给女人了。

어휘

僻静	pìjìng	으슥하다. 쓸쓸하다. 고요하다.
重活	zhònghuó	중노동, 힘든 일

해석

이것은 물 긷는 허벅입니다. 물을 떠오는 용도로 쓰입니다. 아마 여러분들은 한국 여성하면 머리에 물건을 이고 다니는 모습이 떠오를 겁니다. 근데 제주도 여성들은 머리에 이지 않고 등에 지고 다녔답니다. 그러면 왜 제주도 여성들은 머리에 이지 않고 등에다 지고 다녔을까요?

여기서도 제주도의 삼다의 특징을 알 수 있겠습니다. 제주도는 돌이 많아서 길을 걸어 다닐 때 돌을 밟아 넘어지지 않도록 고개를 숙이고 땅을 보면서 다녀야만 했습니다. 그리고 바람이 세서 머리에 이면 바람 때문에 떨어뜨리기 십상이기 때문에 이고 다니는 게 불편한 거지요.

자, 그러면 어느 남자분이 한번 지어 보겠습니까? 잠깐, 내 얘기를 다 듣고 질지 안 질지를 다시 결정하세요. 제주도에서는 남자분들은 이것을 안 집니다. 기혼 남성이 지면 이혼하게 되고 미혼 남성이 지면 평생 장가 들지 못한답니다.

자, 그럼 지금도 져보고 싶은 분이 계시는지요?

왜 이런 설이 있을까요? 과거 제주도에는 물 부족이 심했는데요, 다들 멀리 있는 계곡에 가서 물을 길어 왔습니다. 제주도에는 여자들이 많다고 했잖습니까? 그렇게 한적한 곳에 남자들이 가면 사고치기 십상이랍니다. 그래서 남자들을 못 가게 하는 거지요. 남자들은 더 편안해지고 힘든 일은 몽땅 여자들에게 떠맡기게 된 거지요.

水缸
물항아리

过去济州非常缺水，喝的水都是去远地方去挑来的，可喂牲口和洗衣服用的水都这样接雨水使用的。雨水就顺着这个草辫子，淌进缸里的，草辫子起到过滤的作用。这样下雨时可以接很多水，留着备用。可是死水是会腐臭的吧，所以人们就抓个青蛙放在里头，青蛙在里面游泳，水就变成了流动的水，不会腐烂的。

물독 항아리

어휘

备用 bèiyòng 필요할 때 쓰기 위해 마련하다.

해석

과거 제주에는 물이 부족해서 마시는 물은 멀리 가서 길어 와야 했습니다. 그래서 가축이나 빨래에 쓰는 물은 이렇게 빗물을 받아서 사용했습니다. 빗물은 이 엮은 짚을 따라 항아리에 흘러 들어가는 동시에 짚이 물을 여과시켜 주기도 하지요. 이런 방법으로 비올 때에 많은 물을 받아 놓았다가 필요할 때 쓰는 거지요. 근데 고인 물이 쉽게 썩잖습니까? 그래서 사람들은 개구리를 잡아다가 독에 넣는데 개구리가 헤엄치면 물이 출렁이기 때문에 썩지 않아서 오래 둘 수 있답니다.

26 孤石
외돌개

孤石矗立于西归浦西边的海上，是块二十多米高的岩石，因孤独地立在那里而得名。传说很久以前有一对老夫妇生活在汉拿山脚下，老爷爷捕鱼，老奶奶砍柴，过着恩爱的日子。可是有一天爷爷出去捕鱼，海上突然波浪起伏，刮起了台风。奶奶心焦如焚，到海边去迎爷爷，可等到天黑，再等到天亮，也没等到爷爷回来，等啊等啊，一直等到老奶奶化成了一块岩石。

不可思议的是奶奶变成岩石之后，爷爷的尸体便漂流到了老奶奶前面，也变成了岩石。现在奶奶岩石张大着嘴，双手放到胸前的样子，如同在呼唤着爷爷，而爷爷岩石则躺在奶奶岩石前面，显露着因溺水而膨胀肚子。

另外这里还有与历史有关的真人真事。据说高丽朝末期崔莹将军讨伐占领济州岛的牧胡事变之时，把孤石装扮得威风凛凛，牧胡们误以为是大将军排阵而立，全都自绝而亡。因此，孤石也有将军石之称。除此之外，最近开发倍受游客青睐的幽静小路，也以景色秀丽而闻名。

어휘

矗立 chùlì 우뚝 솟다.
心焦如焚 xīn jiāo rú fén 초조해서 마음이 타는 것 같다.
溺水 nìshuǐ 물에 빠지다.
膨胀 péngzhàng 부풀어 오르다. 팽창하다.
威风凛凛 wēi fēng lǐn lǐn 위풍당당하다. 위풍 늠름하다.
排阵 pái zhèn 전투 대형을 갖추다.
自绝而亡 zìjué ér wáng 자멸하다.
青睐 qīnglài 특별한 주목, 호감, 호의, 총애.

해석

외돌개는 서귀포 서쪽 앞바다에 20m 높이의 바위로 외롭게 서있는 바위라 하여 외돌괴라고 부릅니다. 전설에 의하면 옛날 한 노인 내외분이 한라산 밑에 살고 있었는데 할아버지는 고기잡이 하시고 할머니는 나무를 하면서 오붓하게 살고 있었답니다. 그런데 어느 날 할아버지가 또 고기잡이를 나가셨는데 갑자기 풍랑이 일고 태풍이 불어닥쳤답니다. 걱정이 된 할머니는 바닷가에 나가 할아버지를 기다렸으나 밤이 되고 다음날 아침이 와도 할아버지는 돌아오지 않고 할머니는 그 자리에 바위가 되어 버렸답니다.

기이하게도 할머니가 바위로 변하자마자 할아버지의 시체가 할머니 바위 앞에 떠와서 바위가 되었답니다. 지금도 '할망'바위는 '하르방'하고 부르는 형태로 입을 벌린 채 목을 쳐들고 양손을 가슴에 모으고 있는 형태가 남아 있고, 하르방바위는 할망바위 앞에 누워 바닷물을 먹은 불룩한 배를 드러내 놓고 있다고 합니다.

그리고 여기에는 한 가지 역사와 관련된 설화도 있습니다. 전하는 바에 의하면 고려 말 최영 장군이 제주도를 강점했던 목호(牧胡)의 난을 토벌할 때 외돌개 뒤에 있는 범섬이 최후의 격전장이었는데 전술상 외돌개를 장대한 장소로 치장시켜 놓았답니다. 그러자 목호들이 이를 보고 대장군이 진을 친 것으로 오인하여 모두 자결하였다 합니다. 그래서 이 외돌개는 '장군석'이라는 이름으로도 불리기도 합니다. 그리고 최근에 개발되어 관광객의 각광을 받고 있는 올레길 중에서 특히 외돌개 올레길이 수려하기로 유명합니다.

27 瀑布
폭포

天帝渊瀑布
천제연폭포

我们要去的下一个景点就是地处中文旅游区的天帝渊瀑布，它因玉皇大帝的闺秀七仙女曾在此沐浴而得名。

瀑布共分为三段，分别叫做第一瀑布、第二瀑布、第三瀑布。雨下得比较多的时候，三段瀑布全部泻下，非常壮观，可平常只能看到两段瀑布。

在中文天帝渊瀑布的水流流入大海的中间位置，建有一座连接瀑布和中文旅游区的秀丽的弓形桥梁叫做七仙女桥。

1981年以"悬垂桥"命名开工作业时，不幸有19名劳工摔下而身亡。因此修改了设计图，也改名为"七仙女桥"。桥梁两侧共浮雕着14个仙女超大型图案，长达20米，增添了其姿色。

어휘

闺秀 guīxiù 규수

해석

다음으로 가시는 곳은 중문관광단지에 위치한 천제연 폭포가 되겠습니다. 옥황상제의 선녀들이 밤중에 이곳에서 목욕을 했다 하여 하늘 천, 임금 제 자를 써서 천제연이라고 부르게 되었다고 합니다.

폭포의 구조가 제1폭포, 제2폭포, 제3폭포 3단식으로 이루어져 있고 비가 많이 왔을 적에는 3단 폭포 모두가 흘러내려 장관을 이룹니다. 그러나 평상시에는 2단만 흐르고 있습니다.

중문 천제연폭포의 물줄기가 바다로 이어지는 중간쯤에 폭포와 중문관광단지를 이어주는 아름다운 아치형 다리가 있는데 '칠선녀교'라는 다리입니다.

지난 81년 '현수교' 작업 도중 19명의 인부가 떨어져 죽고 설계를 전면 변경하여 이름을 '칠선녀교'라고 바꾸었습니다. 다리 양편으로는 한 개의 길이가 20m나 되는 초대형 선녀가 14개나 부착되어 그 아름다움을 더하고 있습니다.

天地渊瀑布
천지연폭포

下一个景点是天地渊瀑布。

济州岛到处分布着大小各异的瀑布，不管是规模还是景观，首屈一指的便是天地渊瀑布。瀑布有23米高，其下面水深有21米，宽有12米，泻下来的水流与水深几乎差不多，因此得名为天地渊瀑布。沿着长达一公里的溪谷绕过去便可看到瀑布。溪谷边上茂密地生长着各种各样的亚热带常绿树木。另外，被指定为天然纪念物的丹八树虽然是常绿树，但其中只有一叶变成红叶，因此散发着一种奇异的美。

天地渊溪谷里栖息着作为天然纪念物的武泰鳗鱼，属于热带鱼类，生活在几乎能保持恒温的水里。

해석

다음으로 가시는 곳이 천지연폭포가 되겠습니다.

크고 작은 폭포가 여기저기 흩어져 있는 제주에서 그 규모나 경관에서 으뜸으로 치는 곳으로 높이가 23m, 폭포 밑의 수심이 21m, 넓이 12m로 하늘에서 떨어지는 물줄기와 폭포 밑으로 향하는 물줄기가 거의 같아서 하늘 천 땅 지 자를 써서 천지연이라 이름을 지었다 합니다. 1km쯤 되는 계곡을 따라 돌아가면 폭포가 있는데 이 계곡에는 각종 아열대 난대성 상록수들이 빽빽이 우거져 울창한 숲을 이루고 있습니다. 또 천연기념물로 지정되어 있는 담팔수나무는 상록수이면서도 그중 한 잎이 빨간 단풍이 들어 특이한 아름다움을 뽐냅니다.

천지연 계곡 물속에는 천연기념물로 보호되고 있는 무태장어가 서식하고 있는데, 이는 열대성 어류로서 수온의 변화가 거의 없는 물속에서만 자란다고 합니다.

正房瀑布
정방폭포

接下来我们要去地方是正房瀑布。正房瀑布和天地渊瀑布、天帝渊瀑布共同组成了让西归浦深感骄傲的三大名胜。正房瀑布是从23米高的悬崖泻下而成的，是亚洲唯一从陆地直接流入海里的海岸瀑布，因此而闻名。西归浦海岸的悬崖绝壁和瀑布及汉拿山的雄伟景观远远地成为背景映入了眼帘。

正房瀑布的悬崖上刻有"徐福过此"字样。传说秦始皇时代，徐福奉命到三神山之一的瀛洲山（汉拿山）来采不老草。徐福砍下昆仑山千年古木造了船，带上童男童女500人来到济州岛，可没采着不老草，只采下了一种叫做神仙之果的岩高兰，回去的时候，为表示自己从此而过而刻下了"徐福过此"的字样，然后朝西回去，"西归浦"因此而得名。

那美丽的瀑布后面凝结着济州道民的悲哀，日本侵占韩国期间，日军残暴地把济州的老百姓抓来，用麻绳一个接一个地捆上，然后吊在正房瀑布的悬崖上，进行射击训练。中国南京大屠杀不是也惨无人道地夺走了许多无辜的生命吗? 在这一方面我们两国经历了同样的悲哀。

어휘

泻下 xièxià 물이 쏟아져 내리다.
奉命 fèng mìng 명령을 받다. 명령에 따르다.
惨无人道 cǎn wú rén dào 극도로 흉악하고 잔인하다. 잔인무도하다.

해석

다음 코스로 우리 손님들을 정방폭포로 모시겠습니다. 정방폭포는 천지연, 천제연과 더불어 서귀포가 자랑하는 3대 명물입니다. 높이 23m의 절벽에서 떨어져 내리는 물줄기는 육지에서 바다로 직접 떨어지는 동양 유일의 해안 폭포로 유명합니다. 서귀포 해안의 기암절벽과 폭포, 그리고 멀리 한라산의 웅장한 모습까지도 한눈에 볼 수 있습니다.

정방폭포의 절벽에는 '서불과지'라는 글이 새겨져 있는데 옛날 중국 진시황 때 서불이 진시황의 명을 받으러 삼신산의 하나인 영주산(한라산)으로 불로초를 캐러 오게 되었습니다. 서불은 곤륜산의 천 년 묵은 고목을 베어 배를 만들고 동남동녀 500명을 태우고 제주도에 왔으나 불로초는 구하지 못하고 신선의 열매인 시로미만 얻은 후 서쪽으로 돌아가면서 정방폭포 절벽에 자신이 이곳을 지나갔다는 뜻의 '서불과지'라는 글자를 새기고 서쪽으로 돌아갔다고 해서 지금의 '서귀포'라는 지명도 생겼다 합니다.

저 아름다운 폭포 뒤에는 또 제주도민의 아픔이 서려있습니다. 일제 강점기 때, 일본군은 무자비하게 지역 주민을 잡아 밧줄로 줄줄이 묶어 정방폭포 절벽에 매달아 놓고 사격 훈련을 했다고 합니다. 중국의 남경대학살에서도 끔찍한 만행을 저질렀지 않습니까? 이런 면에서 우리 두 나라는 같은 아픔을 갖고 있는 것 같습니다.

28 城山日出峰
성산일출봉

这儿就是位于济州最东部的城山。椭圆形的济州岛最东端的城山浦有一块巨大的岩石威武地耸立着，叫做城山日出峰，因在此处欣赏到的日出景象非常壮观，这座山因此而得名。

汉拿山共有360个子火山，其中唯有城山日出峰火山是从海底喷发而成的。在面积达8万多坪(1坪=3.3㎡)的喷火口周围有99个刀枪似的奇岩围绕着，看似城墙，故此得名城山。岩石只有99个，差一个成不了一百，所以济州岛出不了帝王。它同白鹿潭和山君不离火山口共同组成了济州的代表性火山口。

日出峰脚下有两个洞口，这可不是自然形成的，而是太平洋战争时，日军用来储藏军火的岩洞。

어휘

威武 wēiwǔ 위풍당당하다.
耸立 sǒnglì 우뚝 (높이) 솟다. 곧추 솟다.

해석

자, 이곳이 제주도의 가장 동쪽에 위치한 성산입니다. 타원형의 제주도 최동단 성산포에 기암괴석 하나가 거대하게 솟아나 있는데 이게 바로 해 뜨는 광경이 장관이라 하여 성산일출봉이라 합니다.

한라산의 360개 자화산 중 유일하게 바다 속에서 분출하여 굳어진 암산입니다. 8만여 평의 분화구 둘레는 99개의 창살 같은 날카로운 기암으로 둘러져 있는데 마치 성벽과 같다 하여 성산이라는 이름이 붙었다고 합니다. 근데 암석이 99개로 하나가 모자라 제주도에는 왕이 나지 않는다고 하죠. 백록담, 산굼부리와 함께 제주의 대표적인 분화구입니다.

일출봉 밑에 두 개의 굴이 있는데 이는 자연굴이 아니라 태평양 전쟁 때 일본군이 무기를 저장해 왔던 굴이라고 합니다.

29 万丈窟
만장굴

我们要去的下一个景点是位于东金宁里的万丈窟。济州岛地层下面到处是熔岩洞窟，其数目及长度难以预测。从喷火口喷发出的熔岩，其表层冷却凝固了，但里面却没有凝固还在继续流淌，结果就形成了如同隧道似的洞窟，万丈窟也是这样形成的熔岩洞窟。

万丈窟长达13268米，是世界上最长的熔岩洞窟。金宁国立学校曾有位夫钟休老师，他又是一位植物学家，1958年，他发现了万丈窟并且公布于众，同时起名为万丈窟。

我们可观赏的地段就是从第二入口开始有2公里长的洞窟。要是整个万丈窟都要看的话那可需要一整天。1976年这里装上了电灯，沿着灯光走600米左右，就可看到乌龟石，说是在龟石前面许愿，就能如愿以偿，所以有很多新婚夫妇，在此祈求要生儿子。还有呼吸万丈窟的空气能长寿，所以走一趟能多活十年，淋上偶尔从洞上滴下来的水滴，皮肤也会变得细嫩光滑。

万丈窟常年保持在16℃恒温，因此冬暖夏凉。另外，在洞窟里演奏音乐，声音格外悦耳，因而在此还举办过国际管弦乐节。

어휘

细嫩 xìnèn 살결이 곱다. 보드랍다.
悦耳 yuè'ěr 듣기 좋다.

해석

지금 가시는 곳이 동김녕리에 위치한 만장굴이 되겠습니다. 제주도는 어디에 얼마만큼 뚫려 있는지 헤아릴 수 없을 정도로 많은 용암동굴이 지하에 산재되어 있는데 용암동굴은 분화구에서 유출한 용암이 겉은 식어서 굳고 속은 굳지 못하여 흘러내리기 때문에 터널처럼 굴이 생기게 된 것인데 이 만장굴도 그와 같은 용암동굴이라고 할 수 있겠습니다.

총길이 13268m로 용암동굴로서는 세계에서 가장 긴 동굴입니다. 1958년 김녕국교 교사이며 식물 연구가인 부종휴씨에 의해 답사되고 실축되어 세상에 공개되면서 만장굴로 이름 지어 발표되었습니다.

손님 여러분께서 관광할 수 있는 곳은 제2입구가 되겠는데, 그 입구로부터 2km 지점까지입니다. 그러나 만장굴을 다 등반하시려면 하루가 꼬

박 걸린다고 하죠. 1976년도에 설치했다는 전기 불빛 아래로 600m쯤 가면 돌거북이가 나오고 400m쯤 더 가면 돌기둥이 나옵니다. 돌거북이 앞에서 소원을 빌면 소원 성취한다고 해서 신혼부부들이 아들 낳기를 바란다고 하죠. 또 만장굴 안의 공기는 장수한다고 해서 이 바람을 쏘이면 십년은 더 살고 굴 천정에서 가끔씩 떨어지는 물방울을 맞으면 피부가 고와진다고 합니다.

만장굴 안의 온도는 항상 섭씨 16℃ 정도의 온도를 유지하여 여름에는 시원하고 겨울에는 따뜻합니다. 그리고 동굴에서 음악 소리는 정말 아름답습니다. 그래서 여기서 국제관악제를 개최하기도 합니다.

30 山君不离
산굼부리

这样沿着东部产业道路走过来，不知不觉就到了山君不离。

山君不离分布在360多个火山口中，与汉拿山的白鹿潭、城山日出峰一起并称最秀丽的火山口，又叫做第二白鹿潭。来不及攀登白鹿潭的游客，可在这儿领会济州火山口的特色。火山口有100多米深，盆地面积达9万多坪。火山口的盆地里滋生着温带、亚热带植物和高山植物420多种。另外以波澜起伏的汉拿山山岳为背景，加上潺潺欲动芒草群落，还有用石头砌成的避邪塔、围墙，令人联想到巨大的艺术作品，无不令人流连忘返。

如此壮观的名胜，据说在朝鲜战争期间，仅用一袋子米就换来了。

어휘

流连忘返 liú lián wàng fǎn 어떤 일에 미련을 두어 떠나지 못하다.

해석

이렇게 동쪽 산업 도로를 따라 오다가 어느덧 산굼부리에 다 도착했습니다.

산굼부리는 제주도에 산재해 있는 360여 개의 분화구 중 한라산 백록담 성산일출봉과 함께 가장 빼어난 분화구 중 하나입니다. 제2의 백록담이라고도 불리고 있으며 미처 백록담에 오르지 못한 관광객들이 제주 분화구의 특징을 잘 살필 수 있는 곳이기도 합니다. 분화구의 깊이는 100m에서 최고 140m이고 분지의 면적은 9만여 평에 달한다고 합니다. 산굼부리 분화구에는 난대성, 온대성 식물과 고산식물 등 420여 종의 식물이 자생하고 있습니다. 그리고 한라산의 오름을 배경으로 하고 넘실거리는 억새 군락과 돌로 쌓아 올린 방사탑, 돌담 등이 거대한 디자인 작품과 같아 관광객의 발길을 사로잡기에 충분합니다.

이렇게 수려한 명승지를 한국 전쟁 때에 지금 주인이 고작 쌀 한 말을 주고 얻게 되었답니다.

31 中文观光地
중문관광단지

这就是中文观光地，也就是中文旅游开发区，中文是地名。这里有很多景点和高级宾馆，现在一期工程已经完成，正在进行二期工程。

请看，那绿色屋顶的建筑叫乐天大酒店。那红色屋顶的叫新罗大酒店，中国的江泽民主席、李鹏总理、朱镕基总理来的时候，都曾下榻在这个饭店。

어휘

下榻 xiàtà 숙소를 정하다. 숙박하다.

해석

여기는 중문관광단지입니다. 중문은 지명이고 관광지와 특급 호텔이 즐비한 관광개발특구입니다 1차 개발 프로젝트는 이미 완성되었고 현재 2차 프로젝트가 진행되고 있습니다.

저기 보이는 푸른 지붕이 롯데 호텔이고 빨간 지붕이 신라 호텔입니다. 중국의 강택민 주석, 이붕 총리 그리고 주룽지 총리께서 오셨을 때, 모두 이 호텔에 묵었습니다.

32 海女
해녀

济州岛又以海女而闻名。

海女看似非常浪漫而有趣，可实际上她们的工作却是非常艰辛的。自小练习游泳，到十五岁就开始潜水作业，一直干到六十多岁。因为这是非常艰苦的工作，如今年轻人中几乎没人再做了，因而现在济州岛海女的平均年龄已超过了六十五岁，正面临着老龄化危机。

她们一年有168天左右要下水工作，而且在挑战人体极限的最低水温10℃时也不耽误她们下海。一般10米深的海下，要潜水工作超过一分种。济州有大约5千多名海女，潜水时为了克服水压所带来的头痛，下海工作之前还要服用止痛药，济州道地方政府也补助海女们一部分药费。在海边还可品尝到海女们刚刚打捞上来的新鲜海鲜，味道鲜美，别有风味。

어휘

別有风味 bié yǒu fēngwèi 특별한 맛이 있다.

해석

제주도 하면 또 해녀로 유명합니다.

해녀들의 모습은 보기에는 낭만적이고 재미있어 보이지만 참으로 고달픈 작업입니다. 어릴 때부터 헤엄치는 연습을 해오다가 15세가 되면 잠수 생활이 시작되는데 60세 훨씬 넘어서도 물질을 합니다. 워낙 힘든 일이라 지금은 젊은 사람들이 거의 이 일을 하려 하지 않기 때문에 현재 제주도 해녀의 평균 연령은 65세 이상으로 고령에 접어들었답니다.

1년에 168일 정도의 작업을 하는 이들은 인간이 견딜 수 있는 최저 수온 10℃에서도 거뜬히 작업을 해냅니다. 보통 10m의 수심에서 1분 이상 물속에서 잠겨 작업을 합니다. 제주도에는 약 5천여 명의 해녀가 있습니다. 잠수하면서 수압 때문에 생겨나는 두통을 견디기 위해 작업에 앞서 진통제까지 먹는다고 합니다. 제주도 지방 정부에서도 해녀들의 의료비에 일정한 지원을 해 주고 있습니다. 바닷가에서 해녀들이 바로 잡아온 싱싱한 해산물 회를 직접 맛볼 수 있는데 이야말로 별미 중의 별미이지요.

33 济州道石头老公公
제주도 돌하르방

一提起济州道，大家首先会想到什么？你们瞧我的鼻子是不是也想起什么来了？是的，说起济州，您准会先想到石头老公公。

石头老公公长着圆墩墩的鼻子，大大的眼睛，肥大的耳朵，还紧闭着的嘴，头戴圆帽，俩手端放在腹部。石头老公公能成为济州道有名的象征物是因为他具有别处所找不到的独特形象。

石头老公公看似对来访济州的遊客不够热情，只是简单地道一声“您好!”而已，而且用了黑呼呼多孔的玄武岩石头，看起来也多少有点儿嚇人，但不知怎么回事，反倒让人感觉到忠厚可亲。我们从石头老公公身上能够领略到济州人不断抵抗外侵战胜种种自然灾害的不屈不挠的精神。石头老公公不仅体现了济州文化，还展示了济州人的精神，因而更加显得栩栩如生。他世世代代守护着济州道，关照着济州人的生活，在济州道起着守护神的作用。在济州自古相传摸石头老公公的鼻子能生儿子，吃下从鼻子上削下来的石末，说是不能生育的女人也能生育。因此，访问济州的新婚夫妇抚摸石头老公公的鼻子便成了必不可少的事情。

如今石头老公公同代表济州的汉拿山橘子一起成为了济州的象征，并因在公共汽站及济州道各种活动中作为吉祥物而早已闻名于世，对宣传济州起着至关重要的作用。

但是随着石头老公公受到如此欢迎，许多假冒产品和塑料制品也随之混入了旅遊市场，令人不快。

如今石头老公公面带着与世无争的表情依然默默地坐落在城市的某个角落或田间。面对着如此的他，我们何不尽情地展开想象的翅膀呢?

어휘

准 zhǔn 꼭, 틀림없이

圆墩墩 yuándūndūn 둥굴둥굴하다.

- **看起来**와 **看样子**의 구분

看起来 kànqǐlai	**看样子** kànyàngzi
보아하니, 보기에 "~한 것 같지만 그렇지 않다"라는 어감이 강하다	보아하니, ~인 듯하다 "외모로 살펴보니" "보아 짐작하건대" 모습을 보고 추측 판단할 때 쓴다

不屈不挠 bù qū bù náo 불요불굴하다. 절대 굴복하지 않는다.

栩栩如生 xǔ xǔ rú shēng 마치 살아있는 것처럼 생동감이 있다.

해석

여러분은 제주도를 생각하면 제일 먼저 무엇이 생각나십니까? 저의 코를 보면 무언가 떠오르지 않습니까?

맞습니다. 제주도 하면 생각나는 몇 가지 중 하나는 돌하르방일 것입니다.

뭉툭한 주먹코, 부리부리한 왕방울 눈, 넓게 뻗은 귀, 굳게 다문 입, 챙이 짧은 모자를 눌러쓰고 양손을 단정히 배 위에 올려놓고 있는 형상입니다. 돌하르방이 제주를 상징할 정도로 유명한 이유는 타 지역 어디에서도 찾아볼 수 없는 독특한 생김새에 그 이유가 있다고 볼 수 있습니다.

제주를 찾는 이들에게 무뚝뚝하게 "혼저옵서예(어서오세요)"라고 말하고 있는 것 같은 돌하르방. 시커멓고 구멍이 숭숭 뚫린 현무암으로 어찌 보면 보기 사납게 만들어졌지만 왠지 푸근하게 정이 가는 인상입니다. 외세의 온갖 침탈과 자연의 재해에도 굴함 없이 싸워 온 섬사람들의 투박한 모습을 단적으로 보여주는 제주 문화의 상징입니다. 돌하르방은 제주 문화의 특성과 제주인의 심성까지 들여다보일 듯해서 더욱 그럴듯합니다. 오랜 세월 동안 제주도를 수호하고 제주도민의 삶을 보살피며 제주도를 지켜주는 '수호적인 기능'을 해주었습니다.

예부터 내려오는 돌하르방에 얽힌 설화 중 돌하르방의 코를 만지면 아들을 낳는다거나, 코를 깎아 먹으면 애기를 못 낳는 여자에게 효력이 있다는 얘기가 지금까지 전해지면서 제주를 찾는 신혼부부들은 돌하르방의 코를 만지는 것이 낭연한 일이 되었습니다.

현재 돌하르방은 제주의 상징물인 한라산 감귤등과 함께 제주의 상징이 되었습니다. 버스 정류장, 제주의 여러 행사에도 제주의 마스코트로서 세계에 알려지고 있으며 제주 관광 홍보에 크게 기여하고 있습니다.

하지만 이러한 유명세 때문에 돌하르방의 모조품과 플라스틱으로 만들어진 돌하르방이 관광 상품으로 팔려 나가고 있어 우리의 눈살을 찌푸리게 하는 경우가 있습니다.

지금 시내 혹은 들판 한 귀퉁이에 묵묵히 자리 잡고 세상에 욕심 없는 표정의 이 돌하르방을 보면서 우리 나름대로의 상상의 나래를 펼쳐봄은 어떨까요?

34 汉拿山
한라산

现在我们所经过的地方就是汉拿山半山腰。韩半岛北侧有白头山和天池, 其地脉向南延伸, 最南端便有汉拿山和白鹿潭。汉拿山矗立在济州岛的正中央, 从济州岛的任何地方都看得到, 真可谓"汉拿山就是济州岛, 济州岛就是汉拿山"。

梦幻之岛－济州岛, 四面环海, 中间耸立着海拔1950m高的汉拿山。"汉拿"的寓意是山势高大, 出手可及天河(云汉可拿引也)的意思。自古相传有神仙在汉拿山上生活, 因此过去曾把汉拿山叫做瀛州山, 并且同金刚山、智异山一起被誉为韩半岛的三座神山。另外, 汉拿山上生长着种类繁多的动植物, 可谓动植物的宝库, 具有很高的学术价值。1966年10月被指定为天然纪念物182号而倍受保护。济州岛是新生代四期火山爆发而形成的岛屿, 中间高高耸立的汉拿山是2万5千年前经过火山活动而形成的, 周围分布着360多个波峦起伏的山丘, 雄伟而壮观。

冰雪皑皑的白鹿潭，气势磅礴的王冠陵，隐匿于溪谷深处的瀑布，还有渲染着雪门台婆婆和五百将军美丽传说的灵室奇岩，均可谓汉拿山的名胜。

1970年3月汉拿山被指定为国家公园，成为了令来访者赞不绝口的名山，2002年12月被指定为“UNESCO动植物保护区”。

由于汉拿山地处北太平洋的岛屿上，加之海拔之高，因此在汉拿山上形成了一个富有特色的温带到寒带植物的纵向分布，滋生着1800多种植物，栖息着4000多种动物(3300多种昆虫)，堪称一个生态王国。

어휘

耸立 sǒnglì 우뚝 솟다. 높이 솟다.
瀛州 yíngzhōu (옛날 신선이 살았다는 동해 속의) 신산
气势磅礴 qì shì páng bó 기세 드높다. 기세 당당하다.
隐匿 yǐnnì 숨기다. 감추다. 숨기고 비밀에 붙이다 ; **隐藏** yǐncáng 숨기다. 감추다. 숨다.
"由于…, **因此**~", "…로 인해 ~하다." 어떤 원인으로 인하여 어떠한 결과가 생겼음을 나타낸다. **由于**가 앞절에 쓰일 경우 뒷절에 앞에는 '**因此**' 대신에 '**所以**'나 '**因而**'가 올 수 있다.

해석

자, 이렇게 지금 우리 손님 여러분께서 가시고 계시는 곳이 한라산 중턱입니다. 한반도의 북으로는 백두산과 천지호가 있고 그 맥이 뻗어 내려 남쪽 끝에는 한라산과 백록담이 있습니다. 제주도의 한복판에 자리 잡고 있는 한라산은 그야말로 한라산이 제주도이고 제주도가 한라산이라고 할 만큼 제주섬 어느 곳에서나 올려다 보이지 않는 곳이 없습니다.

환상의 섬 제주도는 사면이 바다이며 가운데는 해발 1,950m로 한국에서 가장 높은 한라산이 우뚝 솟아 있습니다. '한라'는 산이 높고 웅장하여 손을 뻗어 은하수에 닿을 수 있다는 뜻을 갖고 있습니다. 오래전부터 한라산에는 신선이 살고 있다는 전설에 따라 영주산이라고도 부르기도 했습니다. 금강산 · 지리산과 함께 우리나라 삼신산(三神山) 가운데 하나로 치기도 합니다.

또 다양한 식생 분포를 이뤄 학술적 가치가 매우 높고 동 · 식물의 보고

(寶庫)로서, 1966년 10월 12일 천연기념물 제182호인 한라산천연보호구역으로 지정 · 보호되고 있습니다. 신생대 제4기의 젊은 화산섬인 한라산은 지금으로부터 2만 5천 년 전까지 화산 분화 활동을 하였으며, 한라산 주변에는 360여 개의 '오름'들이 분포되어 있어 특이한 경관을 창출하고 있습니다. 또한 섬 중앙에 우뚝 솟은 한라산의 웅장한 자태는 자애로우면서도 강인한 기상을 가슴에 품고 있는 듯합니다.

녹담만설의 백록담, 높은 절벽과 깎아지른 듯한 왕관릉, 그리고 깊은 계곡 속에 숨겨져 있는 폭포, 설망대할망과 오백나한 전설이 깃든 영실의 기암괴석 모두 절경 중의 절경으로 꼽힙니다.

1970년 3월에 국립공원으로 지정되었습니다. 찾는 이로 하여금 절로 탄성을 자아내게 하는 명산으로, 2002년 12월에는 'UNESCO 생물권 보전지역'으로 지정되었습니다. 한라산은 태평양에 위치한 섬에 자리잡고 있는데다가 해발이 높아서 온대서부터 한대에 이르기까지 다양한 식물이 분포되어 있습니다. 1,800여 종의 희귀한 식물들이 자생하고 있고 4,000여 종의 동물(3,300여종의 곤충)들이 서식하고 있어 생태의 보고라고 해도 과언이 아닙니다.

참고

发展概况
발전현황

- 1966年10月12日 : 被指定为自然保护区(天然纪念物, 第182-2号)
- 1970年3月24日 : 被指定为国家公园(建设部公告, 第28号)
- 1973年9月1日 : 成立管理办公室(济州道条例, 第457号)
- 1987年8月7日 : 扩充管理办公室机构(济州道条例, 第1348号)
- 1995年4月7日 : 观音寺露营场开业
- 1998年9月14日 : 管理办公室编制改编(济州道编制规则, 第1771号)
- 2001年1月15日 : 济州道汉拿山国立公园管理办公室附设汉拿山研究所(济州道条例, 第743号)
- 2002年12月16日 : 指定为联合国教科文组织生物保护区
- 2003年10月14日 : 新设汉拿山研究所研究室(济州道规则, 第1928号)

- 2007年6月27日：载入联合国教科文组织(济州火山岛和熔岩洞窟)
- 2010年10月4日：济州道地质公园认证世界自然遗产管理总部汉拿山国立公园保护管理部

해석

- 1966.10.12 : 천연보호구역 지정 (천연기념물 제182호)
- 1970.03.24 : 국립공원 지정 (건설부 고시 제 28호)
- 1973.09.01 : 관리사무소 개소 (제주도 조례 제457호)
- 1987.08.07 : 관리사무소 기구 확대 (제주도 조례 제 1348호)
- 1995.04.07 : 관음사지구 야영장 개장
- 1998.09.14 : 관리사무소 직재개편(제주도 직재규칙 제1771호)
- 2001.01.15 : 제주도 한라산국립공원관리사무소 부설 한라산연구소 개소 (제주도 훈련 제743호)
- 2002.12.16 : 유네스코 제주도 생물권보전지역 지정
- 2003.10.14 : 한라산연구소 연구실 신설 (제주도 규칙 제1928호)
- 2007.06.27 : 유네스코 세계자연유산 등재 (제주화산섬과 용암동굴)
- 2010.10.04 : 제주도 세계지질공원 인증 세계자연유산관리본부 한라산국립공원보호관리부

登山向导
등산안내

汉拿山上一共有六条登山路线, 御里牧线路(6.8km/需3个小时)、观音寺线路(8.7km/需5个小时)、灵室线路(5.8km/需2个半小时)、顿乃克线路 (7km/需3.5个小时)、城板岳线路(9.6km/需4个半小时) 和御乘生线路(1.3km/需三十分钟)。

汉拿山登山路线的路程均在10公里以内, 因此上下山当日即可完成, 而且登山路修建良好, 迷路和遇难的可能性极小。但是天气变化无常, 风力大, 因此没有充分的准备盲目上山, 容易出事。

해석

한라산은 6개의 등산코스가 있다. 어리목코스(6.8Km/3시간), 관음사코스 (8.7Km/5시간), 영실코스(5.8Km/ 2시간30분), 돈내코코스 (7Km/3시간30분), 성판악코스 (9.6Km/4시간 30분), 어승생악코스 (1.3Km/30분)이다.

한라산 등산코스는 모두 10Km 이내 거리로서 당일 하산이 가능하며 그리고 등산로가 잘 정비되어 실을 잃거나 난관에 조우할 가능성이 많지 않다. 그러나 날씨가 변화무쌍하고 바람이 강해서 충분한 대비 없이 등산했다가는 사고를 당할 수도 있다.

35 欣赏盆景的方法
분재 감상하기

俯身从下往上看。

不要触摸。

不要乱估价。

不可乱评其艺术性。

해석

허리를 굽혀서 아래에서 위로 눈여겨봅니다.
만져서는 안 됩니다.
가격을 따지는 것은 예의가 아닙니다.
함부로 예술적 가치를 재단해서는 안 됩니다.

36 歌谣
한국민요

☆ 너영나영

아침에 우는 새는 배가 고파 울고요
저녁에 우는 새는 임이 그리워 운다.
너영나영 두리둥실 놀구요
낮이낮이나 밤이밤이나 상사랑이로구나.

한라산 올라갈 땐 오빠 동생 하더니
한라산 내려올 땐 서방 각시 됐더라.
너영나영 두리둥실 놀구요
낮이낮이나 밤이밤이나 상사랑이로구나

호박은 늙으면 맛이나 좋구요
사랑이 늙으면 무엇에나 쓰나
너영나영 두리둥실 놀구요
낮이낮이나 밤이밤이나 상사랑이로구나

歌词大意是：

爱情不分白天黑夜，

鸟儿早晨叫是因为饥饿,
晚上叫是因为思念,
上汉拿山时还叫阿哥阿妹,
下山时就改叫亲爱的,
南瓜越熟越好吃,
人越老越懂人生。

☆ 이어도사나

이어도 사나 이어도 사나
물로야 뱅뱅 돌아진 섬에
먹으나 굶으나 물질을 허영.

이어도 사나 이어도 사나
우리 어멍 어느 바당
미역국 먹엉 날 나읍데강.

이어도 사나 이어도 사나
한푼 두푼 모인 돈도
서방님 술값에 다 날아간다.
성님 성님 사촌 성님
시집살이가 어떻합디강.

- 이어도는 제주사람들의 이상향인 환상의 섬-유토피아이다. 제주민요의 한 곡인 '이어도 사나'는 제주도에서 해녀들이 배를 타고 바다로 나갈 때 부르는 구전민요로 이별이 없는 영원한 이상향에 대한 바다여인들의 염원을 노래한 것이다.

歌词大意是：

四面环海的岛，
吃饱没吃饱都要下海，
我要去幻想之岛，
妈妈生我时，
不知吃了哪个海的海菜汤，
我要去幻想之岛，
一分一分攒下来的钱，
都成了丈夫的零花钱，
堂嫂，堂嫂，
当儿媳妇到底怎么样阿?!

☆ 아리랑

아리랑
아리랑
아라리요
아리랑 고개로 넘어간다
나를 버리고 가시는 님은
십리도 못가서 발병난다

아리랑
아리랑

아라리요
아리랑고개로 넘어간다.

歌词大意是：

阿里郎, 阿里郎, 过阿里郎山脉,
抛弃我的人, 走不了十里路, 脚就会坏的。

한국발음대로 따라 부르기:

a lǐ rang　a lǐ rang　a lǐ lǐ yao
a lǐ rang　gao gaǐ rao　ne me gan da
na rǐ　be lǐ gao　ga nen nǐn en　xǐ lǐ dao
mao ga se　ba-r bīng nan da

▼ 올레길

37 送客人
센딩

我们这样结束了两天的旅程, 大家就要离开济州道了, 我真是有些恋恋不舍。

跟大家在一起的这两天度过得非常愉快, 并且, 我从大家身上学会了很多东西, 我会珍惜这一切的。

我衷心地期望, 这次旅行能给大家留下美好的回忆。大家即使有什么不愉快, 也希望能把它们留在济州, 希望只把最美好的回忆带回中国。

大家回国之后, 如果在韩国在济州道有什么需要我帮忙的话, 就请跟我说吧, 我一定会尽最大努力帮忙的。

어휘

恋恋不舍 liàn liàn bù shě 아쉬움에 헤어지지 못하다. 떨어지기 몹시 아쉬워하다.

해석

이렇게 이틀간의 여정이 끝나게 됐네요. 여러분들께서 곧 제주를 떠나 헤어지게 되니 정말 섭섭합니다.

여러분들과 함께 하는 동안 정말 즐거웠습니다. 그리고 여러분들로부터 많은 것을 배우게 되었습니다. 이 하나하나를 소중하게 간직하겠다는 말씀을 드리고 싶습니다.

이번 여행이 여러분들에게 아름다운 추억으로 남을 수 있기를 진심으로 바라는 바입니다. 혹시 불편한 점이 있었더라도 그것을 다 제주도에다 버리시고 가장 아름다운 추억만 중국으로 가져갔으면 좋겠습니다.

중국으로 돌아가신 이후에 한국에서 또는 제주도에서 제 도움이 필요한 것이 있으면 꼭 제게 말씀해 주세요. 최선을 다해서 도와 드릴 것을 약속드립니다.

38 导游欢送词实例
작별멘트 실용편

导游欢送词 一
작별멘트 1

各位朋友! 我们的旅程马上要结束了, 也要跟大家说再见了。临别之际没什么送给大家的, 就送大家四个字"缘、原, 圆, 源"吧。第一个缘是, 缘分的缘, 俗话说"百年修得同船度, 千年修得共枕眠", 那么和大家○天的共处, 算算也有千年的缘分了! 第二个原是原谅的原, 在这几天中, 我有做的不好的地方, 希望大家多多包涵, 在这里说声对不起了! 第三个圆就是圆满的圆, 此次行程圆满的结束多亏了大家对我工作的支持和配合, 我向大家表示衷心的感谢! 最后一个源是财源的源, 祝大家的财源犹如滔滔江水连绵不绝, 也祝大家工作好, 身体好, 今天好, 明天好, 永远好!

어휘

滔滔江水 tāotāo jiāngshuǐ 강물이 출렁이다.
连绵不绝 liánmián bùjué 끊임없이 이어지다.

해석

여러분, 이렇게 모든 코스를 마무리하고 작별 인사를 나눌 때가 되었네요. 여러분들을 떠나보내면서 딱히 드릴 말씀은 없고 그냥 아래 네 개의 한자를 드리고 싶습니다. '인연 연, 언덕 원, 둥글 원, 근원 원'입니다. 첫 번째 연 자는 인연 연으로서, 속담에 "한 배를 탈 수 있는 인연은 백 년을 걸쳐야 되고 잠자리를 같이 할 수 인연은 천 년을 걸쳐야 온다."는 말이 있잖습니까? 여러분들과 함께 한 이 며칠은 천 년만에 닿을 수 있는 인연이 아닐까 하는 생각이 듭니다. 두 번째 원은 '原谅'이라고 용서라는 단어에 쓰이는 원 자입니다. 이 며칠 동안 제게 못 마땅한 점이 있으면 정말 죄송합니다. 여러분께서 너그러운 마음으로 봐주시기를 바랍니다. 세 번째 원자는 둥굴 원 자로서, 이번 여행이 정말 여러분들의 적극적인 협조와 배려 덕분에 순조롭게 잘 이루어진 것 같습니다. 여러분들에게 진심 어린 감사를 드립니다. 마지막 원 자는 근원 원 자로서, '财源'이라는 재물의 원천이라는 뜻으로 쓰이는데 여러분들에게 재물이 넘쳐흐르기를 바라는 마음입니다. 아울러 여러분께서 하시는 일이 잘되시고 건강하시기를 기원합니다.

导游欢送词 二
작별멘트 2

各位团友，"天下没有不散的筵席"，我们大约还有○○分钟就要到达济州机场了，你们就要"展翅腾飞"回到想念的家园了。这几天下来，不知道大家的心情怎么样？我想人生就像一场旅行，结果是什么并不重要，最重要的是旅途中的风景，还有看风景时的心情，只要大家玩得开心，那我们的旅游就是成功的！

在分手之前，请允许我对在座的每一位说声"谢谢"，谢谢在座的各位对我工作的支持和配合！最后希望大家在旅途中有什么不愉快都抛到大海里，只把济州美好回忆带回中国，带回家乡，与家人共享欢愉！祝各位一路平安，在今后的工作和生活中平平安安，顺顺利利！

어휘

展翅腾飞 zhǎn chì téng fēi 날개를 펼치고 높이 날다. 비약을 하다.
一路平安 yī lù píng ān 안녕히 다녀가십시오. 편안히 가십시오.
平平安安 píngpíng ān'ān 평온하다. 평정하다.

해석

손님 여러분, 모든 연회는 끝나기 마련인 것처럼 제주공항에 도착할 시간도 ㅇㅇ분 정도밖에 남지 않았습니다. 날개라고 돋아서 한시 빨리 그리운 고향으로 돌아가고 싶으시지요? 이렇게 며칠 둘러보니 느낌이 어땠습니까? 삶은 그야말로 한차례 여행과 같다는 생각을 해봅니다. 결과가 중요한 것이 아니라 관광하는 과정에서 접하게 된 경관, 그리고 감상하면서 느낄 수 있는 것이 그 무엇보다도 중요하지 않은가 싶습니다. 여러분께서 정말 즐거우셨다면 가히 멋진 관광이었다고 말할 수 있는 거지요.

헤어지기에 앞서 여기에 계시는 모든 분들에게 진심으로 감사하다는 말씀을 드리고 싶습니다. 그리고 여러분들의 적극적인 협조와 세심한 배려에 진심 어린 감사를 드립니다. 마지막으로 혹시 여러분께서 관광하시면서 기분 언짢은 일이 있었더라도 모두 바다에다 떨쳐 버리시고 제주도에서 아름다운 추억만을 간직하고 중국으로, 고향으로 돌아가셔서 가족들과 즐겁게 나누시기를 바랍니다. 집까지 무사히 잘 도착하기를 기원합니다. 그리고 하시는 일이 잘되시고 행복하시기를 바랍니다.

导游欢送词 三
작별멘트 3

各位朋友,时间过得真快,○天的济州之旅马上就要结束了,在此不得不为大家送别了,心中真的有无限的眷恋,无奈,天下没有不散的筵席。大家在济州的这几天中游览了举世闻名的○○○,品尝了别有风味的济州小吃,有的朋友还购买了许多具有济州特色的土特产,相信济州一定给大家留下了深刻的印象,大家的记忆中济州一定会占有一席之地的。

感谢大家的支持,我感到此次工作非常顺利,心情也非常愉快,在此,我向大家表示衷心的感谢!不知大家的心情是否舒畅、愉快?对我们的工作是否满意?如果我的工作能得到大家的肯定,我就更高兴了!如果我们的服务有不足之处,希望大家能多包涵,也请大家提出来,我一定会改进的。既然我们今天能相识并一起度过了难忘的一天,我相信我们是有缘的,所以在分手之际,我希望大家不要忘记,济州这座美丽的岛屿。

最后祝大家一路平安，顺利到家！欢迎大家再来济州，热情的济州欢迎您。

어휘

卷恋 juànliàn 그리워하다. 미련을 두다.
无奈 wúnài 할 수 없이, 부득이하게 = **无奈何**
举世闻名 jǔ shì wén míng 세상에 널리 이름나다.
别有风味 biéyǒu fēngwèi 특별한 맛이 있다.
土特产 tǔtèchǎn 지방 특산물

해석

여러분, 시간이 정말 빨리 지나가네요. ○일간 제주 여행이 이렇게 막을 내리게 되었습니다. 끝나지 않는 연회가 없듯이 아쉬움을 뒤로하고 어쩔 수 없이 여기서 여러분들과 작별 인사를 해야겠습니다. 제주도에 머무시는 동안 유명한 ○○○를 구경하셨고 제주도 전통음식도 맛보셨고, 그리고 제주도 토산품을 많이 사신 분도 계십니다. 제주도에서 만들어진 아름다운 추억이 여러분 가슴에 오래오래 남아 있을 거라고 믿어 의심치 않습니다.

여러분들의 협조 덕분에 모든 일이 다 순조롭게 잘 이루어진 것 같습니다. 이 자리를 빌어 마음속 깊이 감사를 드립니다. 여러분들께서는 신나고 즐거우셨는지요? 저의 안내에 대해 만족하셨는지요? 여러분께서 좋게 봐주셨다면 더없이 기쁘겠습니다. 그리고 우리에게 어떤 미흡한 부분이 있더라도 넓은 아량으로 이해해 주셨으면 합니다. 그리고 문제점을 지적해 주시면 반드시 고치도록 노력하겠습니다. 이렇게 서로가 알게 되고 또 ㅇ박ㅇ일 함께 할 수 있게 된 것 또한 인연이라는 생각이 듭니다. 헤어지는 이 순간 여러분들에게 아름다운 제주도를 기억해 달라고 부탁드리고 싶습니다.

끝으로 여러분들 모두 댁까지 무사히 도착하시기를 기원합니다. 앞으로도 제주도를 또 찾아 주십시오. 제주도는 여러분들을 기다리고 있을 겁니다.

导游欢送词 四
작별멘트 4

时间过得真快，短短的两天济州之旅已经圆满结束了，离别虽然有许多不舍，但还是到了该说再见的时候了。感谢大家这两天来对我工作的支持与配合。在这次旅游过程中，难免会有许多不到位的地方，还请大家多多包涵。同时也希望你们给我们提出宝贵意见，您的意见将会使我不断地成长，不断地进步。我虽然做不到最好，但我会努力做到更好！也许我不是最好的导游，但是大家却是我遇见的最好的客人，能和最好的客人们一起度过这愉快的两天是我的幸运！

再次感谢大家对我工作的支持与配合。在今后的日子里如果你们有什么需要我在韩国帮忙的，请一定跟我联系！最后，祝大家一路顺风，旅途愉快！

어휘

一路顺风 yī lù shùn fēng 안녕히 다녀가십시오. 만사가 순조롭다.

해석

시간을 붙잡아 둘 수가 없네요. 이틀간 제주 여행은 이렇게 금방 막을 내리게 되었습니다. 여러분들을 떠내 보내기가 아쉽지만 그래도 작별 인사를 나누지 않을 수 없네요. 여러분들의 아낌없는 사랑과 협조에 진심으로 감사를 드립니다. 여행 중에 불편한 점이 많았으리라 생각됩니다. 여러분들의 너그러운 이해를 구하며 아울러 약이 되는 좋은 말씀을 해 주신다면 저의 배움의 길에 큰 디딤돌이 되리라고 생각합니다. 최고는 못 되더라도 최선의 노력은 아낌없이 하겠습니다. 저는 최고의 가이드가 못 되어 드렸지만 그러나 여러분들은 제가 만난 최고의 손님입니다. 최고의 손님들과 함께 할 수 있었던 이 이틀은 제게 있어서 행운이 아닐 수 없습니다.

다시 한 번 여러분들의 사랑과 협조에 감사를 드립니다. 향후 여러분께서 한국에서 혹시 제 도움이 필요하시면 꼭 연락주십시오. 안녕히 가십시오. 남은 여정도 즐거우시길 기원합니다.

导游欢送词 五
작별멘트 5

那到这里大家的济州之行就要结束了。我在这里感谢大家一路上对我工作的支持和理解。特别是大家待我像朋友一样, 大家的热情和友好让我深受感染, 我会珍惜大家的这种情谊。

我们常说因为生活我们不能失去工作, 我们努力地工作是为了生活, 那反过来我们也不能因为工作失去生活, 在您忙碌的工作之余别忘了给自己留一份空间, 出来旅行一下。大家也别忘了, 济州是休闲度假的最佳之地, 有机会再到济州来, 济州将为您提供最舒适的环境。

最后祝大家归途一切顺利, 一路平安! 希望今晚大家带着我的祝福睡个好觉、做个好梦!

어휘

深受感染 shēnshòu gǎnrǎn 깊이 감동되다. 크게 영향을 받다.
情谊 qíngyì 정의, 우정
忙碌 mánglù 매우 바쁘다. 분주하다.

해석

그럼 이로써 제주 여행을 마무리해야 할 것 같습니다. 저에 대한 여러분들의 이해와 도움에 대해 이 자리를 빌어 감사하다는 말씀을 드리는 바입니다. 특히 여러분께서 저를 친구처럼 따뜻하고 편안하게 대해 주셔서 많은 감명을 받았습니다. 고마운 마음을 소중히 간직하겠습니다.

물론 우리는 일을 안 하고는 살 수 없지요. 우리가 열심히 일하는 것은 삶을 위해서지요. 그러니까 일 때문에 오히려 삶을 잊어서는 안 되겠지요. 분주한 일상 가운데서도 여행을 통해 자신만의 시간을 만들어 보는 게 어떨까요. 레저와 휴가를 즐길 수 있는 최적지가 제주도라는 것을 염두에 두셨다가 나중에 시간이 되실 때 다시 한 번 방문해 주세요. 여러분께서 제주도로부터 편안함을 선물받을 겁니다.

안녕히 가십시오. 오늘 밤 좋은 꿈 꾸시고 편히 주무시기 바랍니다.

导游欢送词 六
작별멘트 6

虽然舍不得，但还是不得不说再见了。感谢大家几天来对我工作的配合和给予我的支持和帮助。在这次旅游过程中，我还是有很多地方做得不够周到，谢谢大家不但理解我而且还十分支持我的工作，这些点点滴滴的小事情使我很感动。也许我不是最好的导游，但是大家却是我遇见最好的客人，能和最好的客人们一起度过这难忘的几天这也是我导游生涯中最大的收获。作为一个导游，虽然走的都是一些自己已经熟的不能再熟的景点，不过每次带不同的客人却能让我有不同的感受。

在和大家初次见面的时候我曾说“相识即是缘”，我们能同车而行即是修来的缘分，而现在我觉得不仅仅是所谓的缘分，而是一种幸运了，能为最好的游客做导游是我的幸运。

最后，预祝大家旅途愉快！

어휘

舍不得 shěbude 섭섭하다. 아쉽다. 아깝다. 헤어지기 아쉽거나 어떤 것을 포기하고 싶지 않을 경우, 또는 어떤 물건을 버리기 아깝거나 사용할 수 없게 되어 안타까울 때 주로 사용하는 표현이다.

点点滴滴 diǎndian dīdi 극히 적다. 사소하다.

해석

정말 아쉽지만 그래도 작별 인사를 안 할 수가 없네요. 이 며칠 동안 여러분께서 적극적으로 협조해 주시고, 배려해 주시고 도와주신데 대해 진심 어린 감사를 드립니다. 관광 안내를 하면서 미흡한 점이 정말 많았던 것 같습니다. 그럼에도 불구하고 여러분께서 끝까지 저를 이해해주시고 믿어주신데 대해 고마움은 물론 깊은 감명까지 받았습니다. 나는 최고의 가이드라고는 할 수 없지만 여러분은 제가 만난 최고의 손님이었습니다. 이렇게 멋진 손님들과 함께 했던 소중한 순간들이 내 가이드 생애에서 최고의 선물이 아닌가 싶습니다. 가이드를 하면서 거의 똑같은 코스를 다니고 또 다니지만 매번 함께 하는 손님이 바뀌면서 느끼는 것 또한 다릅니다.

여러분들과 처음 만났을 때 제가 만남이란 인연이라고 말한 적이 있지요. 우리가 차 한 대로 이렇게 같이 이동할 수 있다는 자체가 일찍부터 맺어진 인연이 아닌가 싶습니다. 지금은 단순히 인연을 넘어 행운이라는 생각까지도 듭니다. 이렇게 최고의 손님들을 안내할 기회를 갖는나는 것이 행운이 아니고 뭐겠습니까?

끝으로 여러분들의 즐거운 여정을 진심으로 기원합니다.

부록

이 책에 실린 성어

心惊胆战 xīn jīng dǎn zhàn	무서워서 벌벌 떨다. 간담이 서늘해지다.
史无前例 shǐ wú qián lì	역사상 전례 없다.
争艳斗姿 zhēng yàn dòu zī	서로 아름다움을 다투다 = 争妍斗艳
稳如泰山 wěn rú Tài shān	태산처럼 끄떡없고 굳건하다 = 安如泰山
返老还童 fǎn lǎo huán tóng	늙은이가 젊은이로 되돌아오다. 다시 젊어지다.
络绎不绝 luò yì bù jué	(사람·말·수레·배 등이) 왕래가 잦아 끊이지 않다.
乘风破浪 chéng fēng pò làng	어려움을 무릅쓰고 용감하게 나아가다. 뜻이 원대하고 기백이 있다.

心旷神怡 xīn kuàng shén yí	마음이 탁 트이고 기분이 상쾌하다
大逆不道 dà nì bù dào	대역무도
突飞猛进 tū fēi měng jìn	비약적으로 발전하다.
展翅腾飞 zhǎn chì téng fēi	날개를 펼치고 높이 날다. 비약을 하다.
身临其境 shēn lín qí jìng	그 장소에 직접 가다. 그 입장에 서다.
举世闻名 jǔ shì wén míng	세상에 널리 이름나다.
与无世争 yǔ shì wú zhēng	세상일에 무관심하다. 현실을 도피하다
有情人终成眷属 yǒu qíng rén zhōng chéng juàn shǔ	오랜 노력 끝에 사랑의 결실을 맺어 부부가 된다.
千姿百态 qiān zī bǎi tài	자태가 다양하고 서로 다르다.
狼吞虎咽 láng tūn hǔ yàn	게걸스럽게 먹다. 게 눈 감추듯 하다. 꿀떡 삼키다.

乱七八糟 luàn qī bā zāo	엉망진창이다. 아수라장이다. 혼잡하다.
原封不动 yuán fēng bù dòng	개봉하거나 손대지 않고 원래 그대로 두다. 원래 모양대로 그대로 하다
顾名思义 gù míng sī yì	이름을 보고 그 뜻을 생각하다. 이름 그대로, 글자 그대로
不可思议 bù kě sī yì	상상할 수 없다. 불가사의하다.
威风凛凛 wēi fēnglǐn lǐn	위풍당당하다. 위풍 늠름하다.
惨无人道 cǎn wú rén dào	극도로 흉악하고 잔인하다. 잔인무도하다.
流连忘返 liú lián wàng fǎn	어떤 일에 미련을 두어 떠나지 못하다.
漂洋过海 piāo yáng guò hǎi	바다를 건너 먼 나라로 가다.

골프용어(중 · 한 · 영)

중국어	한국어	영어
鹅头刃部	구스넥	gooseneck
总杆	그로스	gross
果岭	그린	green
果岭费	그린피	green fee
基本握杆法	그립	grip
不到之球, 不入其洞	네버 업 네버 인	never up never in
净杆, 净杆数	네트 스코어	net score
杆头	넥	neck
比标准杆多二杆	더블보기	double bogey
双老鹰	더블 이글	double eagle
打到球的底部	더프	duff
木杆	드라이버	driver
练习场	드라이빙 레이지	driving range
在遗失球或其他状况要将球重新定位时, 令球由空中自由落下	드롭	drop
杆头削去草皮、草痕	디벗	divot
取消比赛资格	디스퀄리파이	disqualify
一轮	라운드	round
球位	라이	lie
指推球线, 球与洞中这连线	라인	line
侧面水障碍	래터럴 워터 해저드	lateral water hazard
近距离滚动球	러닝 어프로치	running approach
长草区	라프	rough
熟悉各球场特性	로켈 놀리지	local knowledge
当地规则或特别规则	로컬 룰	local rule

중국어	한국어	영어
球杆的倾斜度、击球面的角度	로프트	loft
轻握	루스 그립	loose grip
非固定障碍物 (如球场内树叶、石块等)	루스 임피디먼트	loose impediment
救球, 挽球性击球(指将处于困难状态的球很好地打出)	리버커리 샷	recovery shot
撤消	리콜	recall
洞边(球洞边缘)	립	lip
球场	링크스	links
1. 记分员 2. 球标, 在按规则照拿起球时标定球的位置的小物品	마커	marker
上杆	백스윙	backswing
回旋球	백스핀	backspin
发球区	백 티	back tee
小鸟球, 或博蒂 (低于标准杆一杆)	버디	birdie
沙坑	벙커	bunker
好球(以最少的杆数进洞)	베스트 볼	best ball
补给, 也称"柏忌" (高于标准杆一杆)	보기	bogey
2号木杆	브래시	brassie
沙坑打球法	블라스트	blast
盲点(目标由于树木或地形起伏看不见的时候)	블라인드	blind
遮掩洞	블라인드 홀	blind hole
横扫式挥杆	사이드 블로	side blow
斜面球位 – 指对球站位进球的位置低于或高于两脚位置的状态	사이드힐 라이	side hill lie

중국어	한국어	영어
沙坑用杆	샌드 웨지	sand wedge
套, 组	세트	set
将球打上球洞区的击球, 近距离击球以及推击(在近距离击球及推击方面的表现)	쇼트게임	short game
1. 捷径, 抄近路 2. 在一轮中不按照正规的顺序打球而是越过一洞或数洞, 例如打完第三洞之后直接打第七洞。	쇼트커트	short cut
短洞(标准杆为三杆的洞)	쇼트 홀	short hole
一对二比赛	스리섬	threesome
苏格兰式四人赛	스커치 포어섬	scotch foursome
一对一的比赛	싱글	single
从外向内的挥杆(指下挥杆时, 球杆的杆头从击球线的外侧向内侧通过的击球方法)	아웃사이드 인	outside in
球技中等者(差点15~20者)	애버리지 골퍼	everage golfer
以低于标准杆的杆数打球	언더 파	under par
有差点的比赛	언더 핸디캡	under handicap
球场地面或球洞区表面上的小波浪形的变化、起伏	언듈레이션	undurlation
下挥杆至[击球区]时, 在上挥杆杆过程中外展的两手手腕还原的动作	언 콕	un cock
不能打之球, 无法打之球	언플레이어블 라이	unplayable lie
1. 在推击时尽量使球接近球洞 2. 在比洞赛中领先对手(如领先一洞为 1 up)	업	up
直立式挥杆	업 라이트 스윙	upright swing

중국어	한국어	영어
上坡球位	업힐 라이	uphill lie
延长比赛用球洞	엑스트라 홀	extra hole
优先发球者	오너	honer
1. 超过 球越过目标, 打得过远 2. 超过规定的标准杆数(如超过标准一杆为one over par)	오버	over
重叠式握杆	오버래핑 그립	overlapping grip
正旋, 上旋 (击球后球向击球线方向旋转)	오버스핀	over spin
妨碍物	오버스트럭션	obstruction
界外	오비	OB(out of bound)
开放式站位	오픈 스탠스	open stance
正式差点	오피셜 핸디캡	official handicap
球位于球洞区上	온	on
预摆动作	왜글	waggle
水障碍区	워터 해저드	water hazard
一体挥杆	원 피스 스윙	one piece swing
体的移动, 体重的转移	웨이트 시프트	weight shift
决定胜利的击球	위닝 샷	winning shot
邀请赛	인비테이션 매치	invitation match
老鹰(低于标准杆二杆)	이글	eagle
同分(打击数相等者)	이븐	even
连锁握杆法	인터로킹 그립	interlocking grip
进行比赛中	인 플레이	in play
击球的瞬间	임팩트	impact
猛击	저크	jerk
10号铁杆或11号铁杆	지거	jigger

중국어	한국어	영어
打出滚地球让球滚进球洞	칩 샷	chip shot
击球进洞 (击球后球落到地面的距离)	캐리	carry
优先开球数	캐리드 오너	carride honor
临时出现水区	캐주얼 워터	casual water
切击	커트	cut
击高球	커트업	cutup
比赛场地之全貌 (包括18个洞的全部)	코스	course
球场记录	코스 레코드	course record
屈腕挥杆	콕	cock
球杆	클럽	club
杆长	클럽 렝스	club length
杆面 杆头击球面	클럽 페이스	club face
俱乐部名人赛	클럽 핸디캡	club handicap
杆头	클럽 헤드	club head
抗议	클레임	claim
封闭站姿	클로즈드 스탠스	closed stance
直接击球	클린	clean
后摆杆的启动	테이크어웨이	takeaway
挥杆顶点	톱 오브 스윙	top of swing
1. 发球区 2. 球座 3. 架球	티	tee
发球区上的第一杆, 在发球区上的第一次击球	티 샷	tee shot
1. 标准杆 2. 在一洞打出标准	파	par

중국어	한국어	영어
掌握杆 1. 强力握杆 2. 以手掌握杆的方法	팜 그립	palm grip
先行通过	패스	pass
右曲球	페이드	fade
同伴竞技者	펠로 컴피티터	fellow competitor
躲开	포어	fore
前方服务员	포어 캐디	fore caddie
送球	폴로스루	follow-through
顺风	플로 윈드	follow wind
前方球座	프론트 티	front tee
平挥杆	플랫 스윙	flat swing
侥幸打中	플루크	fluke
挥杆过程中肩、躯干和脊柱的回旋轴, 扭转枢轴挥杆过程中身体沿著中心轴扭转的过程。	피벗	pivot
劈起球, 腾起球(在球洞区周围近距离球的打法之一)	피치 샷	pitch shot
腾滚球(在球洞区周围近距离球的打法之一)	피치 앤드 런	pitch and run
劈起杆	피칭 웨지	pitching wedge
手指握杆法	핑거 그립	finnger grip
半场	하프	half
障碍(指水障碍、沙坑及如耙子等可移动障碍)	해저드	hazard
差点	핸디캡	handicap
球洞	홀	hole

제주체험관광(장르별 정리)

◎ 역사/문화

체 험 명	관련체험지	전화번호	위 치
영화 드라마 촬영지	〈쉬리언덕〉《生死谍恋》 - 신라호텔 〈올인〉《爱情赌注》 - 롯데호텔/섭지코지/컨벤션센터 〈대장금〉《大长今》 - 외돌개/제주민속촌박물관 〈인어공주〉《人鱼公主》 - 우도 〈불새〉《火鸟》 - 중문해수욕장/중문호텔/제주도내 해안가		
제주민속 오일시장	오일시장번영회(2일, 7일) 서귀포시장번영회(4일, 9일) 중문 오일시장(3일, 8일)	722-0771 763-0965	도두1동 서귀 동흥
전통재래시장	제주시 동문시장 서귀포시 중앙시장 서귀포매일올래시장	722-3284 762-2332 762-1949	제주시 서귀포시 서귀포시
새벽수산물시장 (새벽5시~)	앞돈지 새벽어시장(서부두종합어시장) 동문시장어물상회	753-1006 755-7061	제주시 제주시
감귤농장체험	서귀포 귤림성	739-3331	

◎ 해양레포츠

체 험 명	관련체험지	전화번호	위 치
스쿠버다이빙	Ko's Dive System	752-4242	제주시
	다이브스테이션	755-9934	제주시
	다이브환타지아	747-8040	제주시
	레포츠메니아	711-6322	제주시
	윈다이브리조트	743-7233	제주시
	펄스쿠버	751-1059	제주시
	제주스쿠버아카데미	794-1117	대정
	씨라이프	782-1113	성산
	위미지귀도다이빙	764-6447	위미
	성산포해양리조트	782-1113	성산
	빅블루33	733-1833	서귀포
	바다로 간 킹콩	763-5557	서귀포
	바다여행	739-8288	서귀포
	포세이돈다이빙	763-1414	서귀포
윈드서핑	바당친구	747-3887	이호
	윈드서핑훈련소	782-7522	신양해수욕장
	요트협회	743-6232	이호
	윈드서핑협의회	782-7522	이호해수욕장
제트스키	바당친구	747-3887	중문관광단지
	제주해양레져	738-5111	이호
	요트협회	743-6232	김녕
	마린캠프	782-6018	협재
	클럽매드해조대	796-8010	
바다래프팅	제주해양레져	738-5111	중문관광단지
	바당친구	743-3887	이호해수욕장

체 험 명	관련체험지	전화번호	위 치
선상낚시	수용횟집	773-2288	
	광수네바다낚시	743-5856	제주시 이호
	톱레져낚시	743-6282	제주시 외도
	이호털보낚시	743-1287	제주시 이호
	탐라낚시	753-7826	제주시 이도
	구엄낚시	713-9900	제주시 애월읍
갯바위낚시	외돌개동쪽낚시터		
	용담포구낚시터		
	북촌낚시터		
	신사수포구		
	애월/신엄포구		
	동부두/서부두		
	애월/김녕/차귀도		
야간한치배낚시	이호털보낚시	743-1287	제주시 이호
	탐라낚시	753-7826	제주시 이도
	도두포구	743-6461	개인 배
	차귀도근방		개인 배

◎ 육상/산악/항공 레포츠

체 험 명	관련체험지	전화번호	위 치
일반골프	클럽나인브릿지	792-6001	서귀포시 안덕면
	파라다이스	792-6688	서귀포시 안덕면
	오라컨트리클럽	747-5100	오라2동
	해비치컨트리클럽	766-6200	서귀포시 남원읍
	제주컨트리클럽	702-0451	영평
	제주컨트리클럽	702-0451	용강 산5
	중문골프클럽	738-1201	서귀 색달동
	크라운컨트리클럽	784-4811	북촌 산63
	핀크스골프클럽	792-1886	상천 산62-3
	레이크힐스CC	738-8228	중문 산5

체 험 명	관련체험지	전화번호	위 치
사냥	대유랜드	738-0500	서귀 상예동
승마	어승생승마장	746-5532	봉개
	명도암승마장	722-9034	노형
	에덴승마장	738-9247	서귀 대포동
	초원승마장	738-0344	서귀 상예동
	제주승마장	784-3088	조천 교래
	탐라승마장	782-5577	조천 교래
	송당승마장	782-1199	구좌 송당
	그린승마장	792-6100	애월 봉성
	서진승마장	782-0314	조천 교래
	한라승마장	794-5999	안덕 동광
	바우승마장	787-2419	표선 성읍
	정의승마장	787-2347	표선 성읍
	성읍승마장	787-4324	표선 성읍
	알프스승마장	787-3663	표선 성읍
	동부승마장	787-5220	표선 성읍
	이어도승마장	783-0915	성산 수산
	멍에승마장	755-0949	성산 수산
	서광승마장	794-5220	안덕 서광
	오케이승마장	787-3066	표선 성읍
	조랑말타운	787-2258	표선 성읍
	탐라랜드	787-6668	표선 성읍
	우리승마장	1-690-4835	성산 삼달
자전거 대여업체	제주하이킹	711-2200	제주시
	타발로하이킹	751-2000	제주시
	한라하이킹	712-2678	제주시
	바이크빌림	721-0333	제주시
	제주하이킹인	763-2381	제주시
	보물섬하이킹	721-4111	제주시

체 험 명	관련체험지	전화번호	위 치
	용두암하이킹	711-8256	제주시
	아이러브바이크	723-7775	제주시
	성산하이킹	782-0444	제주시
	중문바이킹	739-3500	제주시
	우도하이킹레져	782-5931	제주시
인라인스케이트	제주인라인스케이트	702-8243	탑동광장부근
ATV (사륜구동오토바이)	한라ATV체험장	794-5577	서부산업도로
	산바다ATV체험장	794-0117	산방산근처
MTB(산악자전거)	한라싸이클	749-8510	희망장소가능
오름트래킹	트랙제주	759-9300	
패러글라이딩	제주패러글라딩연합회	723-9224	
	금악봉		제주시 한림읍
	월랑봉		구좌읍 송당리
	군산		안덕면
	산천단 삼야		제주시
	고군산		서귀포시
	붉은 오름		서귀포시 표선면
	검은 오름		제주시 연동
	정물알오름		제주시 한림읍
	성널오름		서귀포시 남원읍
	별도봉		제주시 화북
	수월봉		제주시 한경면

◎ 위락/휴양

체 험 명	관련체험지	전화번호	위 치
해저대탐험	제주씨월드	784-2332	성산
	서귀포잠수함	732-6060	천지연
	제주잠수함	794-0200	사계
유람선관광	유양해상관광	794-6661	송악산
	(주)제주해저개발	712-9090	도두항
	서귀포앞바다	732-1717	서귀포
	대국해저관광	732-6060	서귀포
	성산외항	782-1456	성산
해수욕장	이호 테우해변, 곽지 과물해변, 협재해변, 금능 으뜸원 해변, 사계해변, 화순 금모래 해변, 중문·색달 해변, 표선 해비치 해변, 신양 섭지코지 해변, 하도해변, 세화해변, 월정리해변, 김녕성세기해변, 함덕 서우봉 해변, 삼양 검은모래해변, 우도검멀레해변, 우도하고수동해변, 우도산호해변		18곳
용천수	구좌읍 하도리포구		
	안덕면 대평리 당캐		
분화구체험	한라산	710-4072	
	성산일출봉	730-1541	
	산굼부리	783-9900	
오백장군	한라산 영실기암	747-9950	영실코스

◎ 육상/산악/항공 레포츠

체 험 명	관련체험지	전화번호	위 치
쇼핑	중앙지하상가	752-8776	제주시일도
	내국인공항면세점	740-9920	공항내
음식/물회	도라지식당	722-3142	시청 앞
	바다가고향	753-8778	오라동
	물항식당	753-2731	건입동
	물항식당	755-2731	연동
	속초식당	722-5350	건입동
	신현대식당	721-8803	건입동
	금호식당	732-7573	서귀송산동
	어진이네	732-7442	서귀보목동
	항구식당	794-2254	대정
	해녀식당	794-3597	대정
	표선어촌횟집	787-0175	표선
	당케식당	787-1917	표선
돔베고기	거부한정식	744-4116	연동
옥돔	도라지식당	722-3142	시청 앞
	삼보식당	749-3620	연동
	어장군	744-2258	연동
	용두성	744-1758	용담
	장춘식당	742-8556	연동
	탐라정	758-3455	이도
	물항뚝배기	733-6544	서귀송산동
	진주식당	762-5158	서귀천지동
	미고도	794-9102	안덕화순
	최남단	794-9191	대정하모리
객주리조림	엉덩물	748-8885	연동

(2013. 4. 현재)

참고서적

『Jeju 문화유산해설사 교육교제』(Ⅰ)(Ⅱ), 제주도민속자연사박물관, 2002.
『통번역 학습을 위한 중국어책』, 이국희 · 김명순저, 신론사, 2011. 8.
『发现旅行』, 桑新华著, 泰山出版社, 2004. 12.
『中国旅游指南』, 杜飞豹编著, 中国旅游出版社, 1995. 10.
『异国风情丛书-韩国』, 赵媛等编译, 中国水利水电出版社, 2002.

저자 소개

김명순(金明順)

세명대 중국어학과 교수

저서 : 『통번역 학습을 위한 중국어책』 공저(2011.8.)
『중국진출을 위한 중국어 면접』(2015.8.)

베테랑 통역 가이드 路
中國語 편

값11,000원

2013년 2월 23일 초판 발행
2014년 2월 11일 초판 2쇄
2016년 5월 24일 초판 3쇄

저 자 김 명 순
발행인 리 재 영
발행처 新論社
등록번호 제10-308호(1989.3.4)

판매처 새문사
등록번호 제1-273호(1977.9.19)

주소 : 서울시 마포구 대흥로6길 6-12
전화 : (02)715-7232(代), 717-7235, Fax : (02)715-7235
E-mail : sinlon@saemoon.co.kr
website : www.saemoonbook.com
ISBN : 978-89-7411-349-0 03720